The Story of Lokesvara

SAVIOUR OF THE WORLD

THE STORY OF LOKESVARA
SAVIOUR OF THE WORLD

ENGLISH/KHMER EDITION

JEAN PRIEUR DU PLESSIS
AUTHOR

MANY EL
TRANSLATOR

Wayist Publishing
ONTARIO, CANADA

Author: Jean Prieur du Plessis
Translated from English to Khmer by Many El
Sketches by Ronaldo Florendo

Connect with the author: wayism.net/jean-du-plessis
Siem Reap Centre for Spirituality: wayist.com

Copyright © 2015 by Jean Prieur du Plessis

OTHER BOOK TITLES BY THE AUTHOR

- WAYISM: The Primary Text *[Editor in Chief]*

- The Eastern Bible *[Editor]*

- CSCi: The Murderous MILF *(Moro Islamic Liberation Front) (Young Reader)*

- Butterfly in My Soul *(Children's book)*

- Universal Gateway of Enlightenment: *The 2nd coming of Jesus as Lord of the World in 78AD*

Publisher: Wayist Publishing, Canada (December, 2015) www.wayism.net

The Story of Lokesvara: Saviour of the World / duPlessis, Jean Prieur. English/Khmer edition

ISBN-13: 978-0-9878015-6-2
ISBN-10: 0987801562

PREFACE

The Khmer Rouge executed not only a most-cruel genocide of the gentle people of Cambodia, but perpetrated also another crime against humanity, that cuts as deep as any genocide. In a wilful move to destroy all traces of a people's culture, reminiscent of latter-day Islamic terror, the Khmer Rouge destroyed and completely removed the infrastructure (postal service, banking systems, money, schools, colleges, hospitals, libraries, books, dictionaries, and museums). They killed anyone with a semblance of education and skills other than farming (medical professionals, musicians, engineers, architects, teachers, civil servants, mechanics, etc.).

Today, the kind-hearted people of Cambodia are rebuilding their once-glorious country—but how? How do you teach children their language with no teachers, no colleges, no books, no dictionary, no recorded memory of the three-thousand-year history of the nation.

During a visit to Cambodia in 2014, I was flabbergasted to the point of despair when I learned that Cambodians (at all levels of society) did not know the names or the meaning of the religious figures represented in the ancient statues that survived the Khmer Rouge. Their national memory had been wiped clear. Even tour guides and artists creating new sculptures did not know more than what archeologists wrote about the ancient sculptures—commenting not as professional pneumatologists or students of spirituality, but as archeologists. The (mostly Vietnamese) new government of Cambodia installed Theravada Buddhism as the governing religious institution. An institution that remains silent on all non-Theravada spirituality (which forms the bulk of Khmer spirituality). Listening to tour guides in the museums, affirmed the fact that they had much to learn about their own country's spiritual heritage.

One Sunday afternoon, on a stroll along the riverside, Adéle and I discovered a huge statue of Avalokitesvara in a public space along the River in Siem Reap. It was neglected and showed signs of severe wear and tear, and quite a bit of graffiti. As I sat there, studying the intricacies of the artist's expressions of the deep spirituality that surrounds the Lord, Adéle started to clean the area, also removing some of the children's scribbles in chalk. We formed an opinion that the local people did not care—but we were proved wrong. While Adéle was busy tinkering, a mother arrived with three children who summarily clamoured all over the statue in great joy, as it was their usual playground on Sunday outings to the river-side. After a while, the mom asked Adéle, 'why are you cleaning here?'. Adéle said, because it is a statue of Lokesvara. The mom almost fainted. She yanked the unwitting children off their clamour-statue and profusely apologized to the Lord. Adéle explained to her the symbolism of the finer details on the statue. The mom called someone else over to also listen. She seemed annoyed because she did not know the things that Adéle spoke of. Rapidly, a small crowd formed (which is normal. Cambodians are eager to learn, and are a curious people). That particular statue is almost an exact copy of the Lokesvaras that King Jayavarman VII installed in the more than one hundred and eight hospitals, which he built more than a thousand years ago. Soon, almost twenty people had gathered to discuss the statue. Several came to thank Adéle for educating them about their heritage. We left, a little bewildered, humbled.

Four days later, we went back with some plants to put around the sculpture, hoping it would discourage people from climbing onto the statue for selfies and for child's play. We were surprised by how the community had sanctified the space. People attended on a regular basis and had made a shrine of the space. There was incense, lotus flower offerings, even food and an offering of tea for the Lord to quench his thirst in the tropical heat. Someone even painted the Lord's toe nails, an offering of the tools of her trade, a pedicure. Adéle placed the potted plants around the statue, and left a small broom and a watering bucket. Several months later, the plants were still healthy and the shrine enjoyed a dignified popularity among worshippers. Today, a year later, the shrine is still being attended and the plants are still doing fine despite the heat. Lokesvara offers a ray of hope, and a smile in the lives of people.

I wrote this little book, at its particular language-level, to make a small contribution to the public memory of an embattled, proud, and ever-smiling people who are regaining their dignity while rebuilding their country. This Story of Lokesvara is a mini-version of the book Universal Gateway of Enlightenment: the 2nd coming of Jesus as Lord of the World in c. 75AD. Proceeds from the sale of this book are used to distribute free copies in Cambodia.

Adéle at the Lokesvara shrine on Siem Reap River

មាតិកា
CONTENTS

x

ព្រះឥសូ និង ម៉ារីធ្វើដំណើរទៅភាគខាងលិច

(Iesous and Mari goes west)

CHAPTER 15

ផ្លាស់ប្ដូរកំរោង

(Change of Plan)

CHAPTER 16

ព្រះពោធិសត្ថដ៏ស្រស់សោភាបំផុត

(Most beautiful Bodhisattva)

CHAPTER 17

ការធ្វើទារុណកម្ម

(Crucifixion)

CHAPTER 18

ការរងចាំព្រះជាម្ចាស់ត្រឡប់មកវិញ

(Waiting for the Lord to return)

CHAPTER 19

ការត្រឡប់មកវិញនៃព្រះជាម្ចាស់

(Return of the Lord)

CHAPTER 20

ម៉ារីក្លាយជាព្រះពោធិសត្ថតារា

(Mari becomes Bodhisattva Tara)

CHAPTER 21

អ្នកជួយសង្គ្រោះពិភពលោក

(The Saviour of the World)

ព្រះជាម្ចាស់លោកេស្វរនៅប្រទេសកម្ពុជា

(Lord Lokesvara in Cambodia)

ពន្លឺពីទិសខាងកើត

(The light from the East)

១ ជាយូរឆ្ងាយមកហើយនៅបាន សុខាវតី

ជាយូរឆ្ងាយណាស់មកហើយ មានមានវិញ្ញាណបរិសុទ្ធ មួយនៅឆ្ងាយសែនឆ្ងាយដាច់សង្ហេង ដែលមាន ឈ្មោះថា **សុខាវតី** ។ លោកម្ចាស់ **អាមីតាហា** ជាព្រះអង្គ ម្ចាស់នៃបានដ៏អស្ចារ្យនោះ នៅក្នុងបាន សុតារ៍ ទ្រង់បានបារម្ភណ៍ពីដួងព្រលឹងនៃសត្វលោកទាំង អស់ ។

បេះដូងរបស់ព្រះអង្គម្ចាស់បានដក់ជាប់ជាមួយនឹងសេចក្ដី អាណិតអាសូរមេត្តាធម៌ចំពោះដួងព្រលឹងសត្វលោកដែល រស់នៅលើកពៃផែនដីទាំងមូល ពីព្រោះពួកគេបាន បាត់បង់នូវការអប់រំគោលដៅនៃ ជីវិត ។ ព្រោះពួកគេមិនបានដឹងពីគោលដៅនៃជីវិត ពួក គេបាត់បង់ខ្លួមភ្លូមភ្លូមភ្លូមភ្លុមភ្លុម ហើយ

ជីវិត ។ ព្រោះពួកគេមិនបានដឹងពីគោលដៅនៃជីវិត ពួក គេបាត់បង់ខ្លួមតិភិនៃមាគ៌ាជីវិត(ផ្លូវនៃជីវិត) ហើយ ទទួលរងនូវសេចក្ដីឈឺចាប់ រងទុក្ខវេទនានៅពេលដួងវិញ្ញាណ ទាំងអស់មានរូបរាងពេញលក្ខណៈ ដើម្បីរៀនរស់ជាមនុស្សលោក។

LONG, LONG AGO IN SUKHAVATI

Long, long ago and far away in the spiritual pure land called Sukhavati,

Lord Amitabha the Father King of that wonderful place in the heavens worried

about the souls on Earth.

The Father's heart was moved with compassion for soul beings on Earth because they had lost the knowledge of the purpose of life. Because they did not know the purpose of life, they lost the wisdom of the Way of Life and there was great suffering when souls incarnated to live as humans.

២. មានសុខារម្មទី

សុខារម្មទី ជាឈ្មោះសំរាប់មានដួងវិញ្ញាណ ដែលជា កន្លែងវិញ្ញាណចាប់កំណើត សំរាប់ពួកយើងទាំង

អស់គ្នា សំរាប់ព្រះពុទ្ធ ទេវតា និងវិញ្ញាណព្រះអង្គ ម្ចាស់រស់នៅ ។ ពាក្យសង្ជ្រើក **សុខារម្មទី** មាននិយ

ថា ដែនមានបរិសុទ្ធនៃសុកមង្គលគ្មានដែនកំណត់ ជានិរន្តរ៍ ។ វាជាមានបរិសុទ្ធល្អតខ្ពាះដែលជា កន្លែង ព្រលឹងមនុស្សលោកទាំងអស់និងទៅរស់នៅជាវិញ្ញាណនៅ ថ្ងៃណាមួយៗ។ នៅពេលព្រលឹង មនុស្ស លោកម្នាក់ៗអប់រំពី ការស្រលាញ់ ការករុណាមេត្តាធម៍ និង សេចក្តីគោរពចេះ ដឹងគ្រប់គ្រាន់ ហើយវានឹងចាប់កំណើតជាដួងវិញ្ញាណខាង ដួងចិត្តកើតមានឡើង ។ ពេលនោះពួកយើងនឹងទៅរស់ នៅ

លើមាន **សុខារម្មទី** ជារៀងរហូតនៅក្នុងទីសុខសាន្ត និង សុកមង្គលជានិរន្តរ៍ ។ នោះជាគោលដៅ

នៃជីវិតដើម្បីអប់រំអោយចេះស្រលាញ់ អោយចេះ គោរព និងអោយចេះមេត្តាករុណានៅតាម

ជីវិតបែបសមញ្ញ ។

ដើម្បីអប់រំនូវចិត្តមេត្តាករុណាចំពោះជីវិតសត្វលោក ចំពោះធម្មជាតិ វិញ្ញាណ និងព្រលឹង នោះគឺជា មាគ៌ានៃ ជីវិត(ដួងវិនៃជីវិត)ដែលនាំទៅដល់ការចាប់កំណើតជាថ្មីក្នុង មាន **សុខារម្មទី** ។ ប៉ុន្តែមនុស្សលោក

បានបាត់បង់ឧត្តមគតិនោះ ហើយទទួលយកឧវិទ្ធ វត្ថុនៅលើកពផែនដី ។

នៅពេលនោះព្រះអង្គម្ចាស់ **អាមីតាបហា** នៃហាន **សូ ខាវ៉ាទី** បានប្រមើលមើលមកលើផែនដីធ្វើអោយ

ព្រះអង្គរដឹងថាដួងព្រលឹងរបស់មនុស្សលោកកំពង់ តែដើរនៅរកផ្លូវខុសៗ ពួកគេបាត់បង់ស្មារតី មាន ឧត្តមគតិកិច្ចចំពោះគោលបំណងពិតនៃជីវិត នៅលើផែនដី។

មនុស្សលោកមួយចំនួនគិតថាគោលដៅនៃជីវិតគឺ មានអំណាច ទ្រព្យសម្បត្តិ និងសំភារៈនិយមៗ។ មួយ ចំនួនទៀតគិតថាអ្នកមាន និងមនុស្សប្រុសៗរស់ នៅប្រសើរជាងគេនៅលើផែនដី ។ ពួកគេវាយវិករក្រ អ្នកអាងថាខ្លួនជាមនុស្សសំខាន់ដ៏អស្ចារ្យ ។ ពួក គេបញ្ឈប់ការញញឹមនៅក្នុងបេះរបស់ពួកគេ ដោយពួកគេ បានភ្លេចថានឹងមានការចាប់កំណើតជាដួងវិញ្ញាណកើត ឡើង ពួកគេបានភ្លេចថានឹងមាន

កម្មពារ និងធម្មកម្ម ដែលពួកគេបានសាង ពួកគេ បានភ្លេចអំពីព្រះអង្គដែលរស់នៅក្នុងហានបុរមសុខ (ហានសុគ៍) និងភ្លេចពីភាពរុងរឿងនៅហាន **សូខាវ៉ា ទី** ដែលជាកន្លែងពួកយើងត្រូវតែទៅរស់នៅក្នុង ទីសុវត្តិភាព និង សុខដុមរម្យ។

ពួកគេបានភ្លេចនូវទុក្ខលំបាកដែលគួអោយភ័យ ខ្លាចមួយដែលនឹងកើតឡើងលើរូបគេដោយទ្រាំមិន បាននូវកម្មពារដែលខ្លួនបានសាងនៅក្នុងជីវិត។ ពួកគេបានភ្លេចអំពីដំណើរជីវិតជាច្រើនដែលនឹងត្រូវ

ចំណាយពេលកែប្រែនូវសកម្មភាពអាធានិយមតិច
តែពីប្រយោជន៍ផ្ទាល់ខ្លួននៅក្នុងជីវិត។

ព្រះអង្គម្ចាស់នៃហានបុរមសុខ(ហានស្ងួគ៍)ចង់រកផ្លូវ
ដើម្បីរំលឹកដល់មនុស្សលោករស់ដោយមិនលោភ
លន់នៅក្នុងជីវិតចុងក្រោយៗ ព្រះអង្គចង់
ដាស់តឿនកើនរំលឹកដល់ពួកគេថាផែនដីក៏ជាសាលារៀន
ហើយពួកគេនឹងបានរៀនយល់ដឹងខ្លះៗសំរាប់ជានធ្វើ
រៀលពួកគេត្រូវតែដឹងអោយច្បាស់ពីការស្រលាញ់ និង
ករុណាមេត្តាធម៌ដល់ជីវិតទាំងអស់ដែលចាប់កំណើតជាដួង
វិញ្ញាណនៅក្នុងបាន **សុខាវ័ទី** ។

SUKHAVATI

Sukhavati is the name for the spiritual land where spiritual beings like

buddhas, gods and our spiritual Father live. The Sanskrit word Sukhavati means

Pure Land of Eternal Happiness. It is the pure land where all human souls will

one day live as spirits. One day, all human souls will learn love, compassion and

humility and then they will be reborn as spiritual beings. Then, they will live in

Sukhavati forever, in eternal peace and happiness. That is the purpose of life,

to learn love, humility, and compassion through the simple life. To learn

compassion for all living beings, nature and spirits and souls, that is the Way of

Life that leads to rebirth in Sukhavati. But, the humans had lost that wisdom

and there was a lot of suffering on Earth.

At that time, when Lord Amitabha, Father King of Sukhavati looked upon Earth, He knew the souls in Earth School were going the wrong way. They had lost the way, and no longer had wisdom about the true purpose of life on Earth. Most people thought the purpose of life is to have power, wealth and material goods. Most thought that rich people and men were better than all other beings on Earth. They were arrogant and self-important. They had stopped smiling in their hearts. They had forgotten about being reborn as spiritual beings. They had forgotten about karma and their dharma—they had forgotten about the father in Heaven and about the glorious Sukhavati where we must go to live in peace and harmony.

The Father King of Heaven wanted to find a way to remind the people of Earth that a life without purpose is a wasted life. He wanted to remind them that Earth is a school and they had some learning to do—that they must learn to master love and compassion for all living beings to be reborn as spiritual beings in Sukhavati.

៣. មួយក្នុងបី

ព្រះអង្គម្ចាស់បាននិយាយទៅកាន់អ្នកមានបារមីណ៍ ដែលនៅក្នុងហានសួខារវាទីទាំងអស់អោយមកជួបជុំគ្នា។ ពួកគេបានមកពីគ្រប់ទិសទីនៃហានបរិសុទ្ធសុកមង្គលទាំង អស់។ វាគឺជាអ្វីដែលចំលែកអស្ចារ្យ

ម្យ៉ាងគួរអោយចង់ឃើញយ៉ាងខ្លាំង គឺជាការប្រមូល ផ្តុំនូវពួកអាទីទេពដ៏ល្អុតគត់ខ្លោះមួយ។ នុស្សលោក

យើងហៅថា ការចាប់ផ្តើមវិញ្ញាណខុសៗគ្នាដោយអោ យឈ្មោះថាជាអាទិទេព ទេវតា ប្រុសស្រី ព្រះពុទ្ធ ទេពអប្សរ ឬអប្សរា និងអោយឈ្មោះផ្សេងៗដទៃទៀត។

ព្រះអង្គបានកោះហៅពួកអ្នកមានបារមីណ៍ទាំងអស់ ហើយបានពន្យល់ពីកិច្ចប្រជុំដល់ពួកគេនូវអ្វីដែលគាត់ចង់ បាន ។ នៅពេលគ្រប់ៗគ្នាយល់នូវរៃនការអស់ហើយ ព្រះ អង្គបានរំលឹកពីការប្រជុំម្តងទៀត

ថា " បេសកកម្មនេះគឺសំខាន់ខ្លាំងណាស់ដល់ហានសួ ខារទីនេះ: " ពួកយើងត្រូវតែបញ្ជូនូវទុក្ករវេនានៃ

ភាពល្ងង់ខ្លៅនៅលើភពផែនដី ។ នឹងជ្រើសរើស យកមនុស្សក្នុងចំណោមអ្នកដែលមានសម្មតិភាពនៅ

ហានសួខារទីនេះដើម្បីដឹកនាំបេសកកម្មនេះ អ្នក ទាំងអស់គ្នាសុទ្ធតែបានដឹងអស់ហើយ ហើយអ្នក

ដែលនៅហានសួខារទីក៏សុទ្ធតែបានដឹងអស់ដែរ។ ឈ្មោះម្នាក់នោះគឺព្រះតស្វ ។

ព្រះអង្គម្ចាស់ដែលមានមេត្តាករុណាដ៏អស្ចារ្យបានហៅ
ព្រះកសូក្រោកឈរឡើង ។ អាមីតាហាជាព្រះ

អង្គម្ចាស់នៃហានស្ងួតបានបន្ថូរទៅគថា " ព្រះកសូ
និងត្រូវចាត់តាំងពីពួកទេវតា នេពអប្សរ អប្សរា

ព្រះពុទ្ធ ដែលទ្រង់មានគតិបណ្ឌិតនិងអំណាចទាំ
ងព្ធូង "ទ្រង់បានប្រាថ្នាអោយការងាររបស់ទ្រង់បាន

ល្អូន។ ព្រះអង្គបានពិគ្រោះយោបល់ពីជាមួយនឹងព្រះ
ពុទ្ធជាម្ចាស់ជាអ្នកដែលបានបញ្ចប់ការរៀន

សូត្រពីភពផែនដី។ ព្រះអង្គនឹងដាក់បង្គ្រប់បន្ថែម
នូវធន៍បាន អង្គចង់បានការជ្រើសតាំងពីការប្រជុំ

នេះ។

ត្រឡប់ទៅមើលព្រះកសូវិញ ទ្រង់បាននិយាយ " ក្ម
ងៗដែលនៅមានសុខារាទីពេលទៅនៅលើ

ភពផែនដីអ្នកត្រូវតែមានរូបរាងកាយដូចមនុស្ស
លោក អ្នកត្រូវតែកំណត់នូវអំណាចមហិតិវិទ្ធ

របស់អ្នកអោយខ្សោយដូចមនុស្សលោកដែរ ដូច្នេះ
នឹងអាចមានសុរភ្តិភាព "។

ខ្ញុំអោយអ្នកជួយម្នាក់គឺមិត្តរបស់ទ្រង់ឈ្មោះព្រះ
ពោធិសត្ត ម៉ាហាស្ថាម៉ាប្រាបតា ។ ទ្រង់ជាពន្លឺដល់
មនុស្សលោកនៅពេលថ្ងៃ ហើយតាក់ជាពន្លឺព្រះច័ន្ទ
ពេលនោះអ្នកនឹងនិយាយហើយបង្រៀនដល់
មនុស្សលោកត្រង់ៗទៅតាមចក្រវិស័យរបស់ពួកគេ
ដូចជាក្រចៀកនិងចិត្ត ម៉ាហាស្ថាម៉ាប្រាបតានឹង

ជួយពួកគេដោយប្រយោលនៅក្នុងការសុបិនរបស់
ពួកគេ ដូចជាការគិត ការភាវនា ។

ព្រះពោធិសត្វ ម៉ាហាស្ដាម៉ាប្រាបតា ក្រោកឈរឡើង
។ ព្រះអង្គម្ចាស់ក៏បន្តរទៀត" ពួកយើងទាំងបី
នាក់កំពង់តែឈរនៅពីមុខនៃការប្រជុំថ្ងៃនេះ ដូច្នេះ
ពួកយើងនឹងធ្វើការសហការណ៍គ្នាដើម្បីជួយមនុស្ស
លោកដែលរស់នៅលើភពផែនដីអោយក្លាយជា
មនុស្សតែមួយ ខ្ញុំនឹងនៅជាមួយអ្នកជានិច្ច "។

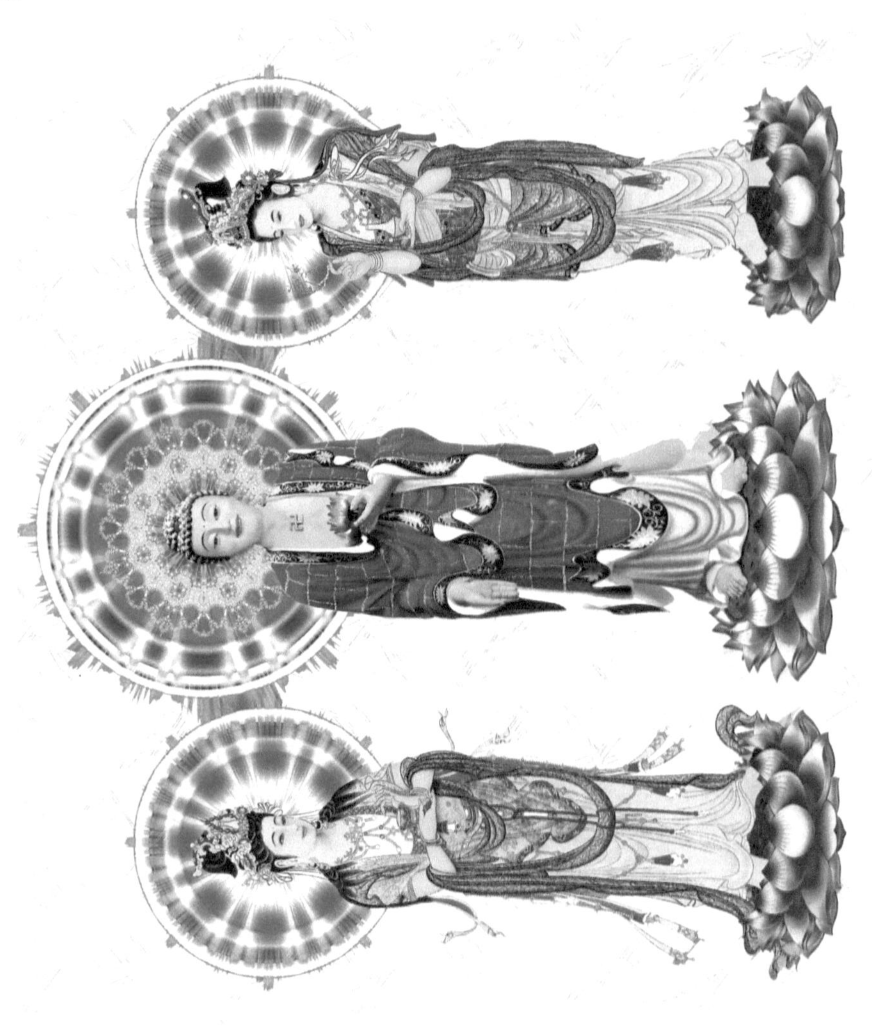

Chinese picture of the Heavenly Trinity. Father Amitabha (Amida). The Son, Lord Lokesvara (Quanyin), and the Daughter, Lord Mahāsthāmaprāpta, the Holy Spirit of Wisdom, also called PranjaParamita

THREE IN ONE

~ 11 ~

God the Father called on the most senior spiritual beings in Sukhavati for a meeting. They came together from all over the Land of Pure Happiness. It was a fantastic thing to see, such a gathering of divine beings. We humans call the different spiritual beings by names such as gods, devata, deva, angels, buddhas or apsara, dakini, and other names.

Father God called the seniors together and explained to the Divine Council what he wanted. When everyone understood the plan, the King addressed the Council again, saying, "This mission is very important to Sukhavati. We must end the suffering of ignorance on Earth. I have selected from among all in Sukhavati the one being most qualified to lead this mission—someone known to all and everyone in Sukhavati. The name of this one is Iesous."

The great compassionate being called Iesous stood up. Amitabha, our Father in Heaven continued, "Iesous will select from all the wise and powerful gods, angels, deva and devata and buddhas whomsoever he wishes to assist him in this task. He will consult with buddhas who graduated from Earth. He will command any resource he wants from this Council."

Turning to Iesous, the Lord God said, "Child of Sukhavati, on Earth you will work in a human body. You will be limited in your powers; you will be weak as a human being. Therefore, take great care."

"I give to you as your chief helper, your friend Bodhisattva Mahāsthāmaprāpta. While you will be as daylight to humans, he will be as moonlight. While you will speak and teach the humans directly in their sight, ears and minds, Mahāsthāmaprāpta will help them indirectly in their dreams, thoughts and meditations."

Bodhisattva Mahāsthāmaprāpta stood up. The Father continued, "As we three stand in front of this council today, so will we work to save the people of Earth—together as one. I will be with you always."

៤. បុរសមានប្រាជ្ញាមកពីទិសខាងកើត

ព្រះគួរជ្រើសរើសអ្នកដែលជួយគាត់ ។ រាប់រយជីវិត នៃទេពប្សូរ ទេវតា និងព្រះពុទ្ធ ។ ព្រះ គួរ

បានវីកហាត់ព្ធកគាត់សំរាប់ធ្វើបេសកកម្ម ។ អ្នកខ្លះ ទ្រង់បានណែនាំអោយរកវិធីសំរាប់បំភ្លឺមនុស្ស

លោកអោយមានការស្រឡាញ់គ្រប់គ្រាន់នៅក្នុងដួង ចិត្តរបស់ព្ធកគេដើម្បីស្គាប់លីព្ធកទេពស្ូរនិយាយ

គ្នា ។ ស្ត្រីម្នាក់នឹងក្លាយជាម្តាយរបស់ទារកម្នាក់ ព្រះ គួរអាចនិមិត្តជារូបរាងឡើងនៅលើកពជែនដី ។

ព្រះគួរបានដឹងថានឹងមានមនុស្សលោកខ្លះដែល ពិតជាធ្វើតាមមាតាៗជីវិតពិតប្រាកដមែនៗ ព្រះគួរ

បានអោយយោបល់ទៅព្ធកទេពស្ូរទាំងអស់អោយសុំ ព្ធកគេជួយៗ

ព្ធកទេពស្ូរទាំងអស់បានប្រមើលមើលចំពោះមនុស្ស លោកដែលមានបេះដូងបរិសុទ្ធនៅលើចក្រវាល

ទាំងអស់ ។ នៅទ្បីបអាស៊ីព្ធកគាត់បានរកឃើញ មួយចំនួន ។ អ្នកទាំងនោះគឺបានកាន់ព្រះពុទ្ធសាសនា

អ្នកដទៃទៀតកាន់សាសនាតារ៉ ហើយអ្នកខ្លះទៀត កាន់សាសនាហិណ្ឌូ ។ ព្ធកទេពស្ូរបានជ្រើសរើស អ្នក

គ្រប់គ្រងបីនាក់នៅក្នុងចំនោមអ្នកទាំងអស់នោះៗ

ពួកគាត់បានជ្រើសរើសបុរសបីនាក់ដែលមានប្រាជ្ញា នឹងខន្តិមេត្តិខ្ពស់ដើម្បីគ្រប់គ្រងក្រុមនៅលើកពដែនដី ដែលនឹងជួយដល់បេសកកម្មរបស់ហ្វានសុខោរាទី ។ ស្ដេច ក្រាញ់កានព្រះពុទ្ធសាសនាឈ្មោះរបស់

គាត់គឺហ្វុនុពណ៌មកពីភូមិភាគនៃការស្ងៀនៅភ្នំហិម៉ា ឡៃ ។ ម្នាក់ទៀតគឺជាអាចារ្យតារមកពីភាគខាងលិច

ប្រទេសចិនហើយអ្នកទីបីគឺមកពីបាក្រៀនៅខាង កើតភាគកណ្ដាល ។ បុរសមានប្រាជ្ញាទាំងបីនោះបាន

យល់នៅពេលពួកទេព្បូរបាននិយាយមករកពួកគេ ហើយពួកគេគឺមានមហិទ្ធិរទ្ធិក្នុងការស្រលាញ់ នឹង

ការគោរពរបស់ពួកគេ ។ មិនមានមហាទ្ធិរទ្ធិណាដែល ខ្លាំងគ្លាជាងការស្រលាញ់នឹងការគោរពឡើយ។

ក្រុមអ្នកជួយសង្គ្រោះមនុស្សលោកនៃភាគខាងកើត បានត្រៀមខ្លួនសំរាប់បេសកកម្មរួចជាស្រេច ។ ពួកគេនឹង មានគ្នានាទីមើលថែទាំទារកនៅពេលព្រះគស្វនិម៌ិត្តអោយ កើតជាមនុស្សលោកហើយពួកគេ

នឹងរៀបចំសាលារៀនសំរាប់ទ្រង់ ។ ពួកគេនឹងគិត គូរនៅលើការចំណាយក្នុងការរៀបចំមើលថែនៅ

ក្នុងកំឡុងបេសកកម្មរបស់ព្រះគស្វ មិនថាមានរយៈ ពេលប៉ុន្នានឆ្នាំទេទ្រង់ត្រូវតែរស់នៅលើកពដែនដី ជា មនុស្សលោក។

WISE MEN FROM THE EAST

Iesous chose his helpers. Hundreds of angels, devata and Buddhas of old. He trained them for the mission. Some, he instructed to search for enlightened humans who has enough love

in their hearts to hear angels speak. A woman who would become a mother to a human baby in which Iesous can incarnate to Earth.

Iesous knew there were a few humans who are true followers of the true Way of Life. He instructed the angels to ask for their help.

The angels looked for pure hearted people all over the world. Only in Asia did they find some. Some were Buddhists, others were Daoists, and some were Hindus. The angels chose three leaders from among those people.

They chose three wise men to lead the group who would help Sukhavati's mission on Earth. One was an older king, a Buddhist. His name was Gonophores from the region of Kashmir in the Himalaya Mountains. The other was a Daoist priest from western China, and the third was from Bactria in the Middle East. These three wise men understood when angels spoke to them and they were powerful in their love and humility. There is no power as strong as love and humility.

The group of eastern human helpers were ready for the mission. They would take care of the baby when Iesous is born as a human, and they will organize for his schooling. They were prepared to take care of the expenses of Iesous' mission for however many years he would live on Earth as a human.

៥. ឱពុកម្តាយរបស់មនុស្សលោក

ក្រុមទេព្យរជេ្យ្រង១ទៀតធ្វើការស្វែងរកស្រ្តីវ័ងម៉ាំនិង មានវិចារណញ្ញាណដែលអាចអោយកុំណើតដល់
រាងកាយព្រះកសូជាមនុស្សបាន ។ នៅក្នុងទឹក ដីស្រុកយូដា (ដែលគេឡូវគេហៅថាប៉ាឡេស្ទីន) ពួក
ទេព្យរបានរកឃើញស្រ្តីវ័យក្មេងជនជាតិយូដាម្នាក់ ឈ្មោះថាម៉ារី ។ ម៉ារីទាក់ទងជាមួយនឹងពួកទេព្យ
ក្នុងកាលបួងសួងបន់ស្រន់របស់គាត់និងសមាធិៗ គាត់ជាស្រ្តីវ័ងម៉ាំនិងមានវិចារណញ្ញាណក្នុងការត្រាស់
ដឹង ។ នៅពេលពួកទេព្យរបានប្រាប់ពីដំណឹងល្អថា គាត់ត្រូវបានជ្រើសរើស គាត់និងស្វាម័របស់គាត់
ឈ្មោះថាជូសៀបបានរៀបចំជាស្រេច។

ជូសៀបនិងម៉ារីគឺជាមនុស្សសុភាពរៀបសារជាអ្នកក្រី ក្រដែលមានជីវិតសមញ្ញ ។ ពួកគេរស់នៅក្នុង
ភូមិតូចមួយនៅតាមដងផ្លូវសំខាន់មួយទៅរាជធានី ជេរូស៊ីឡ្យិម។ ភូមិរបស់ពួកគេឈ្មោះថាបេត្លេហិម។ ពួកគេ
គឺក្រសែនក្រ ។ ជូសៀបនិងម៉ារីធ្វើការអោយផ្ទះសំណាក់ មួយនៅក្នុងភូមិ ហើយពួកគាត់បាន
ជួលបន្ទប់នៅក្នុងជង្រុកដែលជាកន្លែងដែលពួក គាត់រស់នៅជាមួយសត្វពាហនៈ។ កន្លែងនេះហើយ
នៅក្នុងផ្ទះនេះហើយដែលពោពេញទៅដោយសេចក្តី គោរពដែលជាកន្លែងមហិទ្ធិរ្ទ្ធិរុងរឿងនឹងជា

កន្លែងដែលវិញ្ញាណក្មេងប្រុសមកចាប់កំណើតជា
មនុស្សលោកដ៏សំខាន់មកពីឋានសុខាវតី ។ ម៉ារី

ជាម្តាយដ៏សុភាពរៀបសាររបស់ទ្រង់ហើយបានជ្រើស
រើសដោយព្រះជាម្ចាស់ដើម្បីរក្សាក្មេងប្រុសនៅក្នុងស្បូន
របស់គាត់ជាមួយនឹងព្រះវិញ្ញាណដ៏ខ្លាំងក្លា ។ ទារកតូច
បានមកចាប់កំណើតនៅលើភពផែនដី

ប្រហែលជា២០១៦ឆ្នាំទៅហើយ ដោយរស់នៅក្នុងផ្ទះ
តូច ហើយដាក់ខ្លួនដាក់កាយជាមួយនឹងគោ សត្វជៀមពីរ
ក្បាល សត្វមាន់ ៧ព្រៃមួយក្បាល និងសត្វលាមួយក្បាល
ដែលចាំមើលថែដល់ទ្រង់។

HUMAN PARENTS

Another group of angels worked to find a strong and spiritual woman who would give birth to Iesous' human body. In the land of Judea (today called Palestine), the angels found a young Jewish woman named Mary. Mary communicated with the angels in her prayers and meditations. She had strong faith and spiritual understanding. When they told her of the good news that she was chosen, she and her husband Joseph prepared.

Joseph and Mary were humble, poor people who led a simple life. They lived in a small village on the main road to the capital city, Jerusalem. Their village was called, Bethlehem. They were very poor. Joseph and Mari worked for a guesthouse in the village and they rented a room in the barn where they lived with the animals. It was here, in that most humble home, where the gloriously powerful and important spiritual being from Sukhavati was born as a human baby boy. His humble mother Mary, was chosen by God to carry in her womb a baby boy with a very, very advanced spirit. Baby Iesous entered the world about two thousand and sixteen years ago in a small and humble home, with the cow, two sheep, the chickens, a goat and a donkey watching over him.

៦. កុមារាំពោធិសត្ត

ស្ដេចក្រាញ់នៃប្រជាជនយួដាបានភ័យខ្លាចចំពោះ
ទារករបស់ព្រះគ្រូស្ទ្វខ្លាំងណាស់ ខ្លាចនៅពេលដែលទ្រង់ធំ
ឡើង

ដល្ណើមអំណាចគ្រប់គ្រងប្រជាជនអ៊ីស្រាអែលរបស់
គាត់។ គាត់បានព្យាយាមរកទារកនោះដើម្បីសំលាប់

ចោល ។ គាត់បានអោយទាហ៊ានរបស់គាត់រុករក
ទារកនោះ។

ទោះបីយ៉ាងណាបុរសដែលមាននមហិទ្ធិវិទ្ធិទាំងបីមកពី
ទិសខាងកើតបានមកដល់ប៉ាទ្ទេស្ដីនបន្ទាប់ពីធ្វើដំណើរជា
ច្រើនខែ ។ ភ្លាមៗនោះពួកគាត់ប្រើមហិទ្ធិវិទ្ធនិងភាពស្ទាត់
ជំនាញរបស់ពួកគាត់ដើម្បីការពារទារកសួនិង ក្រុម

គ្រួសាររបស់ទ្រង់ដើម្បីផ្លាស់ទៅនៅកន្លែងសុវត្ថិភាព
ពីស្ដេចក្រាញ់នោះ ។ ពួកគេបានផ្លាស់ទៅរស់នៅប្រទេស

អេសុ៊ីប នៅកោះមួយនៃស្ទឹងនីលហៅថាកោះហ្ស៊ីទ្សេ
។ នៅក្នុងប្រាសាទហ្ស៊ីទ្សេ ស្ត្រីទាំងអស់ជាអ្នកមើលថែទៅ

ការពារ ។ វាជាជំនៀនៃអាយសុ៊ីស នៃបុរាណអេសុ៊
ប ។ បងស្រីៗរបស់អាយសុ៊ីស គឺជាដូនជីដែលកាន់ស៊ុប

នីងសាសនា ។ ពួកគាត់ជាស្ត្រីដែលមានបេះដូងបរិ
សុទ្ធ ហើយអាចមើលថែចំពោះការ ហ្ស៊ីកហាត់របស់ទារក

សួអោយក្លាយជាមនុស្សលោកបានល្អ ។

កុមារាពស្ស្ងជំជាក់ជាក្មេងប្រុសដែលពោរពេញទៅ
ដោយពន្លឺប្រាំពីពណ៌ និងជាកុមារាដែលចូលចិត្តនិយាយ

ច្រើន។ ក្រោយមកកុមារាពស្សមានអាយុរជ្រាំបីឆ្នាំ
ពេលនោះទ្រង់អាចអាននិងសិក្សាថ្នាក់ខ្ពស់បានយ៉ាងពូកែ
ពួកគេបានបញ្ជូនទ្រង់អោយទៅរៀននៅសាលាទស្សន:វិជ្ជា
នៃអេសុ៌ិបនៅក្នុងទីក្រុងអេឡៀចស្សង ។ សាស្ត្រាចារ្យ
បង្រៀនដ៏សំខាន់របស់ទ្រង់គឺជាជនជាតិយដាដែលមានទ
ស្សន:កំពូលក្នុងទីក្រុងអេឡៀចស្សង ។ ជារឿយ១ទ្រង់តែង
តែសួរសំនួរនិងពិភាក្សាជាមួយសាស្ត្រាចារ្យរបស់ទ្រង់ពីអ្វី
ដែលជាជំនឿសាសនា ។ ពីព្រោះជំនឿសាសនាមិនមែនជា
ធម្មជាតិ នៃវិញ្ញាណចាប់កំណើតនោះទេ កុមារាពស្សចង់
ដឹងច្រើនអំពី ថាកើតមនុស្សលោកតិត និងជឿលើសាសនា
យ៉ាងម៉េច ? ទ្រង់បានប្រើបណ្ណាល័យបុរាណនៅទីក្រុងអេ
ឡៀច

ស្សង ហើយរៀនដើម្បីនិយាយនិងសរសេរភាសាក្រិច
ដែលជាភាសាអន្តរជាតិដ៏សំខាន់បំផុតនៅពេល

នោះ ។ ជាមួយភាសាក្រិច ទ្រង់អាចនិយាយទៅ
កាន់មនុស្សគ្រប់ទឹកន្លែងនៅលើពិភពលោក ។

ជាកុមារាពស្សទ្រង់ត្រូវរៀនជាច្រើនថ្នាក់ ទ្រង់រៀន
ខ្លាំងពូកែទៅ១ ។ ទ្រង់សិក្សាពីទស្សន:វិជ្ជាដែលកើតឡើងពី

ប្រាំរយឆ្នាំនេះ មនុស្សលោកបានយល់ពីជំនឿប្រសើរ
ជាងមុន ។ តាមវិចារណ:ញ្ញាណដ៏អស្ចារ្យ ដូចជាលោក

ឡារស៊ី លោកសុ៌ិតាឪ លោកហ្គាតាម៉ា និងជនជាតិ
ក្រិចលោកផ្លាទូ និងលោកសូក្រីត ហើយលោកយូជានីស

នៃជនជាតិឥណ្ឌា ជំនឿអំពីវិញ្ញាណត្រូវបានកត់ត្រា
ជាប្រវត្តិសាស្ត្រ ។ ប៉ុន្តែដូម្តេចបានជាមនុស្សបានដក់ជាប់
ន្ធូរ

ជំនឿហើយបាត់បង់សក្តិរបស់ពួកគាត់ម្តងទៀត ។

នៅពេលកុម៉ារកសួមានអាយុ ១២ ឆ្នាំ បុរសមាន
ប្រាជ្ញាដែលជាសាស្ត្រាចារ្យបន្ទុកសាលារបស់ទ្រង់បាន

និយាយថា នេះជាពេលដែលគួរផ្លាស់ទីកន្លែងទៅ ទិសខាងជើងចេញពីប្រទេសអេសុ៉ីប៉ទៅកាន់ទីក្រុងធំ ឈ្មោះ

ថាសុ៉ីប៉រុ៉ីសនៃប្រទេសអុ៉ីស្រាអែល ។ សុ៉ីប៉រិ៉ុ សមានការជឿនលឿនមានផ្សារទំនើបៗ ។រាជផ្សារដែលជា កន្លែង

កុម៉ារាគសួចំណាយពេលក្នុងការទាក់ទងដ៏អស្ចារ្យនៃ ឈ្មួនដែលនាំយកតវ៉ាន់ពីទិសខាងកើតតាមសត្វអូដ និង

កាប៉ាល់ ។ ពួកគេ នាំស្ត្រ ចំលាក់សាសនា សារ ជាតុក្រអូប ផ្ទាំពេឡ្យ គ្លូងថ្ម គ្រឿងទេស ពាសពេញផ្លូវ ពី អាសុ៉ី

ទៅលក់ ហើយផ្លាស់ប្តូរគ្នានៅតាមទីផ្សារ ។ ទ្រង់មើល ហើយ ទ្រង់រៀនពីមនុស្សដែលមកពីគ្រប់ទិសទីនៅលើ

ពិភពលោក ។ ទ្រង់មើលពីមនុស្សដែលក្រីក្រ ព្យាយាមសុំថ្លៃក្នុងការទិញម្ហូប គឺពិបានណាស់ ។ ទ្រង់មើល

ទេសករនៃពាណិជ្ជករ ហើយមើលអ្នកក្រីក្រលក់កូន ស្រីប្រុសជាទេសករ ។ ទ្រង់មើលអ្នកមានទ្រព្យចាយលុយ

សំរាប់ទិញទំនិញប្រណិតៗ និងម្ហូបថ្លៃៗ ពីប្រទេស ក្រៅ ។ ទ្រង់បានឃើញអ្នកដែលអ្នកភ្នែកភ្កាងថាពួកគេជា

មនុស្សអ្នកមាននឹងយ៉ាងម៉េច ! ហើយឃើញការភ្លញ ភ្លែពីជីវិត និងមានកំរោង ថាកើត្រូវធ្វើយ៉ាងម៉េចដើម្បីរក

របស់បរអោយបានច្រើនដាងនេះ៖ ទាំងដឹងថាពួក គេមានសព្វគ្រប់អស់ហើយ ។ បានធ្វើអោយទ្រង់ជាក់ ច្បាស់

ថា លុយនិងអំណាចគឺសំខាន់ច្រើនដល់មនុស្សជាង គោលបំណងពិតនៃជីវិតរបស់វិញ្ញាណទៀត ។

THE YOUNG AVATAR

~ 25 ~

Herod, the King of the Jewish people was afraid of the human baby Iesous, afraid that he would grow up to take away his power over the people of Israel. He tried to have the baby killed. He sent his soldiers to look for the baby.

However, the three wise men from the East had arrived in Palestine after travelling west for months. Quickly, they used their power and influence to have baby Iesous and his family moved to a safe place away from King Herod. They were moved to Egypt. To an island in the Nile River, called the Island of Philae. At the Temple of Philae, women were in charge. It was the religion of Isis, of ancient Egypt. The Sisters of Isis were devout nuns. They were pure hearted women and took good care of Iesous' training to be a human being.

Iesous grew into a bright and talkative boy. Later, at the age of eight when he was able to read and study at a high level, they sent him to the Egyptian School of Philosophy in Alexandria. His main teacher was a Jewish philosopher Philo of Alexandria. He often questioned his teachers and discussed matters of religion with them. Because religion is not natural for spiritual beings, Iesous wanted to understand more about how humans think and how human religions work. He used the ancient library in Alexandria and learned to speak and read Greek, which was the most important international language of the time. With Greek language, he could speak to people anywhere in the world.

As Iesous became more schooled, he studied harder. He learned from philosophy studies that over five hundred years earlier, people had a better understanding of the truth. Through great souls such as Laozi, Siddhartha Gautama, and the Greeks Plato and Socrates, and the Upanishads of India, the truth about spiritual things had been written down. But somehow, humans had embroidered the Truth and had again lost their way.

When Iesous was twelve years old, the Wise Men in charge of his schooling said it was time to move north, out of Egypt to the big city of Sepphoris in Israel. Sepphoris had at its center a thriving main market. It was in that market where Iesous spent a great deal of time among the merchants who brought their goods from the East by camels and ships. They brought silk, religious carvings, fragrances, medicines, gemstones and spices all the way from Asia to sell and exchange at the market. He watched and he learned from the people who were from all over the world. He watched the poor trying to buy food from hard-negotiators. He watched the trade of slaves, and of poor people selling their sons and daughters as slaves. He watched the rich pay huge sums of money for luxurious materials, and exotic foods. He saw people boast about how rich they were, and complain about life, and scheme how to get even more things than they already have. It was clear to him that money and power were more important to the people than the soul's true purpose of life.

៧. សាលារៀនភាគខាងលិច

នៅសាលាសុលីប៉ុរ៉ូស ព្រះគស្ហ្លូប្រជាមានសម្បជញ្ញៈ ត្រាស់ដឹងថា តើសាសនានៃបុរសដែលបោះបង់មាតា °យ៉ាង

ដូចម្ដេច ? ទ្រង់នឹងសួរអ្នកបង្រៀនច្បាប់ជនជាតិ យូដា (ជនជាតិផ្សា) "អ្នកនិយាយថាមានព្រះម្នាក់បង្កើត ផ្ទៃ១

ទាំងអស់នៅលើពិភពលោកនេះ ហើយជីវិតទាំងអស់ ចាប់ផ្ដើមមានព្រាលីងនិង វិញ្ញាណនៅលើផែនដីគ្រប់

ទីកន្លែង ប៉ុន្ដែអ្នកនិយាយថា ព្រះស្រលាញ់តែ កុលសម្ព័ន្ធ និងសាសនារបស់ខ្លួនតែប៉ុណ្ណោះ ហើយសាសនា ផ្សេង

គាត់ស្ងប់ទាំងអស់យ៉ាងម៉េចទៅ?" ទ្រង់បានសួរបុព្ ជិកនៃសាលាសាសនាខាងលិច ។

" អ្នកបង្កើតលោកនេះមុខយ៉ាងម៉េចទៅ!" ព្រះនោះ ជានណារ ? នោះជាអ្វីដែលអ្នកបង្កើតដើម្បីអោយមនុស្ស

លោកជើរដាក់លើអ្នកមែនទេ? ទ្រង់បានសួរទៅកាន់ ព្រះសង្ឃជាច្រើន ។ " តើអ្នកក្រឡប់មកវិញផ្ដោតទៅលើ ដំនើរដែលពួកទេវតាបានបង្រៀនពីរាប់ពាន់ឆ្នាំមុន បានទេ? " ទ្រង់នឹងសួរបុព្ពជិកនិងព្រះសង្ឃដែលមានការ ចាប់អារម្មណ៍និងយកចិត្តទុកដាក់ច្រើនទៅលើផន ធាននិងរូបចម្លាក់ជាងគោលបំណងពិតនៃមាគ៌ាជីវិត។

"ទៅអោយឆ្លាយក្លេងក្តួច !" ពួកគេនិយាយហើយសើច
ចំអកអោយទ្រង់" ហេតុអ្វីបានឯងឯដឹង?" ពួកបុព្ពជិត

បាននិយាយថា ឥស្សរភ័ក្តដឹងពីមានវិញ្ញាណបន្តិច
សោះ ។ ពួកគេបានសើចចំអក និងនិយាយប្រវត្តិរឿង
របស់

ទ្រង់ អំពីមានសូខរាទិជារឿងផ្តេសផ្តាសគ្មានការពិត
។ ពួកគេបានប្រាប់ទ្រង់ថា " មនុស្សលោកចូលចិត្តធ្វើ
តាម

អ្នកគ្រប់គ្រងដែលគឺងវិង ពួកយើងធ្វើអោយពួកគេ
គោរពយើង ហើយអោយលុយយើង នោះជាផ្លូវដែលពួក

គេនឹងក្លាយជាមនុស្សល្អពីព្រោះពួកគេខ្លាចពួក
យើង ! " ព្រះឥស្សូបាននិយាយថា" មនុស្សល្អសំរាប់ជាកំរៃ
របស់

អ្នក និងសំរាប់ជីវិតនើតនាយ វាប្រាកឍណាស់ដែល
អ្នកត្រូវការបែបនឹង ប៉ុន្តែអ្វីដែលជាគោលបំណងពិតនៃ

ជីវិត ? " អ្នកជ្រោកប្រាស់ខត្តុម្នកតិរបស់ពួកគេ ។
អ្នកជាមូលហេតុដែលធ្វើអោយពួកគេទៅចាប់ជាតិជាឆាក
ជីវិត

ជាច្រើនជាតិដោយគ្មានការដឹងពីជំនើៀពិត ។ ខ្ញុំ
និយាយបានថាអ្នកជាចោរ និងជាអ្នកបន្លន់យកឥសតិ អ្នក
ជាជនដែល

ឯក់បន្លន់វាសនារបស់ពួកគេដែលការពិតពួកគេត្រូវ
ទៅរស់នៅក្នុងហានស្ថខរាទ្ធីដោយមានសុកមដ្ឋលនិង សុរ
ត្តិភាពជានិរន្តន៍" ។

ពេលនោះខឹពុកម្ពាយរបស់ព្រះគស្វព្រែជាព្រួយបារម្ម
ណ៍ពីទ្រង់ជាខ្លាំង ។ កុមារគស្វ មានអារម្មណ៍ក្រោគ្រោង

ខឹងនឹងមេស្ដេចក្រាញ់របស់សាសនាជាច្រើននោះ
ហើយជីវិតគ្រួសារមនុស្សលោករបស់ទ្រង់ នឹងមិនមានភាព
ងាយស្រួលឡើយ ។ ពួកគេព្យាយាមផ្លាស់ប្តូរទីតាំង
នៅភូមិតូចម្ងួយប្រហែលជាប្រាំពីរគីឡូម៉ែតពីទីក្រុងសុវីប៉ុរី
ស

ភូមិនោះឈ្មោះថា ណាសារីឌ្ឋ ។ យ៉ាងណាក៏ដោយ ការ
ផ្លាស់ទីកន្លែងឆ្ងាយពីទីក្រុងសុវីប៉ុរីសព្រះគស្វគ្រាន់តែចង់

ផ្ដាគការយកចិត្តទុកដាក់របស់ទ្រង់ទៅលើមេស្ដេច
ក្រាញ់របស់ជនជាតិយូដា (ជនជាតិជ្ញា) នៅក្នុងភូមិ ។

WESTERN SCHOOLS

At school in Sepphoris, Iesous became aware of how the religions of men had lost the Way. He would ask the Rabbi, "How can you say there is a God who created all things in all the universes, and all living beings of the soul worlds and spiritual worlds here and everywhere, but you say the God loves only your tribe and your religion, and he hates all others?" he would ask of the priests of the western religions

"What kind of Creator, what kind of a God is this that you created for the people to believe in?" He asked the monks.

"Do you turn your backs on the truth that the angels taught for thousands of years?" He would ask of the priests and monks who were more interested in wealth and status than the true purpose of life.

"Go away, little boy!" they would say and laugh at him. "What do you know?"

The priests said Iesous knew nothing of spiritual heaven. They laughed and said his stories about Sukhavati were silly. They told him, "People like to follow strict leaders, we make them respect us and give us money and that way they will be good people because they fear us!"

Iesous said, "Good people for your profits and lives of luxury yes, but what about the true purpose of life? You rob them of that wisdom. You are the cause for them to reincarnate many lifetimes without learning the real truth. I say, you are thieves and robbers of souls, you rob people of their destiny, of eternal happiness and peace in Sukhavati."

At that time, Iesous' human parents became very worried about him. Young Iesous had angered too many religious leaders and life was not comfortable for his human family. They tried to move to a smaller village about seven kilometers from Sepphoris, a village named Nazareth. However, moving away from Sepphoris only had Iesous focus his attention on the Jewish religious leaders in the village.

៨. ព្រះឥសូធ្វើដំណើរទៅភាគខាងកើត

ថ្ងៃមួយឪពុកម្ដាយរបស់ព្រះឥសូបានសំរេចចិត្តថា វា
គឺមិនមានសុវត្តិភាពចំពោះកូនប្រុសរបស់ខ្លួនឡើយដែល

ត្រូវរស់នៅក្នុងចំណោមស្ដេចក្រាញ្ញសាសនាដែល
មានដំនើៀនៅលើផ្លូវខុសៗ បុរសមានប្រាជ្ញាដែលមកពីទិស

ខាងកើតមេដឹកនាំព្រះពុទ្ធសាសនា មេដឹកនាំ
សាសនាការ និង មេសាសនាហិនឌូ បានជួយព្រះឥសូអោ
យគេច

ចេញពីទីនោះ ។ ពួកគេបាននាំទ្រង់ទៅភាគខាង
កើតដើម្បីឱ្យចូលសាលារៀននៃរប្បធម៌សាសនាដ៍ទៃទៀត
និង បង្រៀនទ្រង់នៅទីនោះអោយបានល្អ។

នៅពេលទ្រង់មានវ័យ១៨ស្ព៉ាហ់ ព្រះឥសូបានសិក្សា
អំពីការខន្ទ័សដ៍អស្ចារ្យនៅវត្តក្នុងភូមិភាគកណ្ដាល

ខាងកើត។ ទ្រង់បានរៀនក្នុងសាលាសាសនាខុសៗ
គ្នានៅទីក្រុងព៉ែរ៉ូ (អុ៊វ៉ាក់) និង នៅទីក្រុងជាថៃ(អុ៊រ៉ីង)
។ ទ្រង់

មានជំនាញក្នុងការរកហេតុផលបានល្អ និងមាន
ការវិចំវិនប្រើននូវដំនាញភាសាមនុស្សលោក ។ ទ្រង់ក៏
បាន

រៀនភាសាសំស្រ្កឹតជាភាសាដែលអស្ចារ្យចំពោះការ
សិក្សារសាសនា ។ សំរាប់ទ្រង់ ភាសាសំស្រ្កឹតក៏បានដឹងកិច

គួចណាស់ដូចភាសាប្រើដោយវិញ្ញាណដែរៗ សាស្ត្រាចា រ្យថ្មីរបស់ទ្រង់មិនបានគិតថាទ្រង់ជាក្មេងទេ ហើយចាស់ៗ

បានសរសើរទ្រង់ចំពោះការយល់ដឹងនៃការពិតរបស់ ទ្រង់ដូចមនុស្សធំដែរ ។

មនុស្សម្នាធ្វើដំណើរតាមដងផ្លូវ ទ្រង់បាននិយាយ នៅកាន់ពួកគេថា ព្រលឹងនឹងមានប្រាជ្ញាខ្ពុមគតិ និង ពន្លឺ ប៉ុន្តែ

ត្រូវតែកើតម្តងទៀតជាវិញ្ញាណសិន ។ ដូចជាដង្កូវ មេអំបៅរស់នៅលើរុក្ខជាតិទាបៗហើយសុ៍ចំណីដាយៗ និង ទន់ ។ នៅពេលវាកើតម្តងទៀតក្លាយជាមេអំបៅដែលមាន សេរីភាពពីជីវិតរស់បែបតូចទាប ហើយសុ៍តែទឹក

ដមផ្កា ។ ដូច្នេះព្រលឹងនឹងចាប់កំណើតម្តងទៀតនៅ ពេលពួកគេមានពន្លឺដោយការរៀនរស់អោយមានខ្ពុម គតិ

ក្នុងការស្រលាញ់ ពោរពេញដោយសេចក្តីគោរព រស់ ដោយភាពស្រុះស្រួល ហើយមានមេត្តាធម៌។

សាស្ត្រាចារ្យនៅភាគកណ្តាលនៃភូមិភាគខាងកើត បានបង្រៀនពិភាក្សាចំណុកនេះជាមួយទ្រង់ ” ដែលនោះ គឺជា

ផ្លូវដែលត្រូវធ្វើយ៉ាងម៉េច ។ នោះជាគោលបំណងនៃ ជីវិត ? ផ្លូវពិតគឺធម្មតា ហើយមានមេត្តាករុណា ។ នោះ មិន

ត្រូវការសាសនាទ្បើយ ” វាគឺជាពេលដែលអ្នកជឿ ជាក់របស់ព្រះគស្វអោយឈ្លោះជាកំបូងថា មាតា៌ជីវិតពី

ព្រោះពួកគេជានិច្ចកាលនិយាយពីមាតា៍ជីវិតពិត
ជាផ្លូវតែមួយដែលព្រះលិង្គធ្វើតាមដើម្បីដោះលែងពីវាលវដ្ត
សង្សារ។

ដំណើរជីវិតរបស់ព្រះអង្គ គឺគ្រោះថ្នាក់ណាស់ ។ ការ
បម្រៀនរបស់ទ្រង់គឺ គ្រោះថ្នាក់ខ្លាំងណាស់ នោះគឺជា
កន្លែង

មេដឹកនាំសំខាន់ៗប្រើសាសនាដើម្បីគ្រប់គ្រងមនុស្ស
លោកជាផលប្រយោជន៍ផ្ទាល់ខ្លួនដើម្បីឱ្យខ្លួនក្លាយជាអ្នក
មាន ។ មនុស្សដែលប្រនាំង និង អ្នកមានទ្រព្យធន៍ ដែល
កាន់សាសនា ហើយអង្គការសាសនាដ៏ធំនោះ អាចសំ

លាប់ ពួកទ្រង់យ៉ាងងាយស្រួល ។ ប៉ុន្តែព្រះអង្គ គឺ
មិនខ្លាចទាំងអស់ពីព្រោះទ្រង់បានគិតយ៉ាងមុតមាំអំពីការ

ទុក្ខវេទនារបស់មនុស្សលោក ហើយទ្រង់ចង់ជួយ
មនុស្សលោកទាំងនោះ ។

IESOUS GOES EAST

One day, Iesous' parents decided it was unsafe for their son to live among religious leaders who believed in the wrong way. The wise men from the East, the Buddhist, Daoist and Hindu leaders helped Iesous to get away from there. They sent him east, to attend schools of other religious traditions and teach there as well.

When he was a young man of fourteen years old, Iesous studied with great dedication at monasteries in the Mid-East. He learned at different religious schools in Persia (Iraq) and Parthia (Iran). He had good reasoning skills and developed more human language skills. He also studied human Sanskrit, the greatest language of religious learning. For him, Sanskrit was a little bit like the language used by spiritual beings. His new teachers did not treat him like a child and the elders praised him for his understanding of human thinking.

"All humans are on the Way," he would say to them. "Souls will become wise and enlightened but must be born again as spirit beings. Just as a caterpillar lives on the lower plants and eats simplicity and humility. When it is born again it becomes a butterfly that is free from the low life, and eats only pure nectar. So too are souls born again when they are enlightened by the wisdom learned from living in love, humility, simplicity and compassion."

The mid-eastern teachers would discuss these points with him. "That is how the Way works. That is the purpose of life. The true way is simple and compassionate. There is no need for religions," he taught. It was in that time that Iesous' followers were first called Wayists, because they always spoke of the True Way of life, the only Way that souls follow to be liberated from Samsara.

Iesous' lifestyle was dangerous. It was a dangerous teaching to give in places where the important leaders used religions to control people to get richer. People who opposed the religions of the wealthy people and large religious organizations could easily be killed. But Iesous was not afraid because he cared deeply about the suffering of humans and he wanted to help all people.

៩. សេក្ដីគោរព ភាពស្រុះស្រួល និងការ មេត្តាធម៌

អាយុ១៨ព្រះវស្សាហ៍ ព្រះគងបានសិក្សាយល់ដឹងពី សាសនាទាំងអស់ ។ ទ្រង់អាចយើញពីសមាជាតុធម្មតា

របស់ពួកគេ និង ភាពធ្ងេសប្រហែសរបស់ពួកគេ ។ សាសនាជាច្រើននិយាយអ្វីមួយដូចគ្នា ប៉ុន្តែទធ្វើរធ្វើគឺខុ ស។

គ្នា ។ ខំពុះការយ៉ាងច្រើនជាម្ងួយនឹងដំនើ៍ដ៏សមញ្ញ សំរាប់គោលបំណងនៃជីវិត ។ សាសនាស្ទើតែទាំងអស់មិន

មានអ្វីសំខាន់គ្រាន់តែជាវិធីពីរយ៉ាងក្នុងការ បង្រៀនដើម្បីពន្យល់ពីដំនើ៍ដ៏សមញ្ញ ពួកគេមានសៀវភៅ រាប់រយ

ក្បាលក្នុងការបង្រៀនអោយមានភាពស្មុគស្មាញ ច្របូកច្របល់។

ព្រះគងបាននិយាយថា "តាមពិតមិនបាច់មានបុព្វ ជិក និង វិហារទ្បើយ" ប៉ុន្តែប្រសិនបើមនុស្សចង់ប្រើប្រាស់ វា

ក៏មិនអីដែរ យុរយាមកហើយព្រះសង្ឃ និង បុព្វជិក បង្រៀននូវអ្វីដែលត្រឹមត្រូវ ហើយតែងតែគិតកដល់មនុស្ស

ក្រីក្រ ។ ជួរតែមួយគឺស្អាតស្អំ និង សុវត្ថិភាព ហើយ ព្រាលីងទាំងអស់បំពេញគោលបំណងដោយរស់នៅមាន

គ្រប់គ្រាន់ និង រស់នៅដោយជីវិតស្រស់ភ្លងដ៏នៅលើ ភពផែនដី ។ ផែនដីជាសាលារៀនរបស់ដួងព្រាលីង ។ ដួង

ព្រលឹងជាអ្នករៀនដើម្បីរស់នៅអោយមាន សេចក្ដីគោរព ភាពស្រុះស្រួល និង មានមេត្ដាធម៌ ហើយជាអ្នក ដែលជួយ ដល់អ្នកដែលគេជាន់ឈ្លី និង ទប់ទល់នៅវិញ មិនយូរ ប៉ុន្មានវានឹងមានពន្លឺ ហើយដួងព្រលឹងទាំងអស់ នឹងក្លាយ ជាវិញ្ញាណពិតប្រាកដ ។ ព្រះគស្សបានបង្រៀនថា "នោះជា មាគ៌ាសមប្ញានៃគោលបំណងនៃជីវិត ។

HUMILITY, SIMPLICITY AND COMPASSION

By age eighteen, Iesous had studied all the religions of the time. He was able to see their common elements, but also their errors. Many religious said one thing, but acted in another way. Many struggled with the simple truth of the purpose of life. Most religions had not just two lines of teaching to explain the simple truth—they had hundreds of books of confusing teachings.

"In truth, there is no need for priests and temples," said Iesous, "but if people want to use those things it is not bad, as long as the monks and priests teach the true Way and care for the poor."

"The Way is about beauty and peace, and souls fulfilling their purpose by living full and beautiful lives on Earth. Earth is a school for souls. Souls who learn to live in humility, simplicity and compassion, and who help the oppressed and resist oppressors, soon become enlightened and their souls are reborn as spirits. That is the simple Way of the true purpose of life," taught Iesous.

១០. ម៉ារីជាក្មេងស្រីដែលមានបេះដូងបរិសុទ្ធ

ពេលទ្រង់មានអាយុរវាងប្រាំពីរឆ្នាំចាប់ៗនេះ ព្រះយេស៊ូបានធ្វើដំណើរឆ្ពោះទៅទិសខាងកើត ទៅទីក្រុងកាស្យៀកាត់កាម

ភ្នំហិម៉ាឡ័យ ។ ពីរបីឆ្នាំហើយដែលទ្រង់បានសិក្សានៅតំបន់នេះ ។ ក្រោយមកទ្រង់បានរៀននៅក្នុងវត្តនៅលើ ភ្នំដែលជាកន្លែងប្រភពចាប់ផ្ដើមនៃទន្លេមេគង្គ នៅខាងក្រោមទំនប់ទីបេ ។ ពីប្រភពទឹកនេះ ព្រះយេស៊ូបាន

យកវាមកប្រើប្រាស់ និងជឿក ។ បេះដូងរបស់ទ្រង់អាចមានអារម្មណ៍ថា មនុស្សដែលរស់នៅតាមដងទន្លេ

មេគង្គនេះយ៉ាងម៉េចទៅ ! ហើយទ្រង់បានគិតក្នុងចិត្តថា តើការបង្កើតទន្លេអោយហូរទៅសមុទ្រដ៏អស្ចារ្យនេះ

យ៉ាងម៉េចទៅ ! ។

មានភ្នំមួយក្នុងចំណោមភ្នំទាំងនោះមានវត្តដែលព្រះយេស៊ូបានដួបនារីម្នាក់ ហើយក្លាយជាមនុស្សល្អប្រសើរ ដែលបានរៀនពីព្រះសង្ឃ និង អ្នកប្រតិបត្តិតាម ។ នាងគឺជាក្មេងស្រីអាយុប្រហែលជាដប់ប្រាំពីរឆ្នាំ ហើយប្រហែលជាឲ្យនព្រះយេស៊ូដប់ឆ្នាំ ឈ្មោះរបស់នាង គឺម៉ារី ។

ម៉ារី ជាខ្ញុំបំរើការងារអោយព្រះសង្ឃដើម្បីធ្វើអ្វីៗ ដែលជាការងារកខ្លុក់គួរអោយខ្ពើម ។ សង្ឃព្រះ ពុទ្ធសាសនា

មិនបានទុកស្ត្រីអោយមានសិទ្ធិស្មើរនឹងមនុស្សប្រុស ឡើយ ។ ពួកតាក់បប្រៀនស្ត្រីទាំងនោះគឺត្រូវតែមានសិទ្ធិ ក្រោមមនុស្សប្រុស ហើយមិនអាចចាប់ជាតិនៅបានសុខរាំ ទ្បីបានឡើយ ។ ចំពោះពួកតាក់ ម៉ារី គឺគ្រាន់តែជាស្ត្រី ដែលធ្វើការកខ្លុក់គឺល្អគ្រប់គ្រាន់ហើយសរាប់ជាបុណ្យកុសល នៅជាតិក្រោយ ។ នាងសង្ឃឹមថាថ្ងៃណាមួយនាង នឹង ទទួលបុណ្យកុសលគ្រប់គ្រាន់ដើម្បីកើតជាមនុស្សប្រុស ។

ការបប្រៀនបែបនេះ បានធ្វើអោយព្រះសូខឹង យ៉ាងខ្លាំង ។ ដោយហេតុផលនេះទ្រង់បានយកម៉ារីធ្វើជា មេក្រុម ការងារហើយទ្រង់បានបង្ហាត់បប្រៀននាងពី គតិបណ្ឌិតអោយចេះច្រើនជាងលោកសង្ឃទាំងអស់នោះ ដែលពួក តាក់មិនដែលដឹងសោះ ទ្រង់បានធ្វើអោយនាង ក្លាយជាសាស្ត្រាចារ្យដ៏អស្ចារ្យម្នាក់ដែលអនាគតនឹងក្លាយជា ស្ត្រី ល្បីនៅលើពិភពលោករអាចច្រើនជាងនេះ ។

ក្នុងស្រីម៉ារី គឺមកពីទីក្រុងជំគី ប៉ាតាលីភូត្រា នៃ ប្រទេសម៉ាហ្គាដា ។ នាងបានផ្លាស់ជ្ជូរទីកន្លែងព្រះតែមេ កម្លក របស់នាង ។ ប្រទេសម៉ាហ្គាដា គឺជាចក្រភពដ៏អស្ចា រ្យម្មួយបន្ទាប់ពីប្រទេសបង់ក្លាដេស ។ វាគឺស្ថិតនៅបណ្ណោយ ខាងក្រោមភ្នំហិម៉ាន្ទៃជាកន្លែងដែលស្ទឹងហ្គាងហ្គេសហូរ យ៉ាងទូលំទូលាយ ។ វាជាកន្លែងកំណើតរបស់ សុ៦ដាថា ហ្គ កាម៉ា ជាសាស្ត្រាចារ្យដ៏ល្បីដែលបានចាប់ផ្ដើមបប្រៀនពីព្រះ ពុទ្ធសាសនាដ៏បួង មនុស្សគ្រប់គ្នាហៅនាងថា ម៉ាហ្គាដាលេ ន ។

ម៉ារី ជាក្នុងស្រីម្នាក់ ប៉ុន្តែនាងមានចិត្តកំណិតចាស់ ទុំ ។ ចិត្តកំណិតរបស់នាងបានដឹង នឹង ស្គាល់អំពីវិញ្ញាណដ៏

សំខាន់របស់ព្រះតស្ស ។ នាងបានខន្ទីសប្បជាខ្លួន នាងឱាយទៅព្រះអង្គទាំងអស់ ហើយ ក្លាយជាសិស្សល្អ របស់ ព្រះអង្គ ហើយជាសាស្ត្រាចារ្យដែលពូកែ ។ នាងធ្វើដំណើរជាមួយព្រះតស្សគ្រប់ទីកន្លែងដែលព្រះអង្គចង់ទៅ ហើយ បានបង្រៀនស្ត្រី និង ក្មេងៗដូចជាស្ត្រីមេម៉ាយ និង ក្មេង កំព្រា អំពីវិញ្ញាណមានអទិភាពចំពោះសេចក្តីស្អប់ នៃ ការចាប់ផ្តើមធ្វើអ្វីមួយ ហើយបង្រៀនឱាយដឹងអំពីសម្មតិ ភាពរបស់ស្ត្រី ហើយឱាយដឹងពីដួងវិញ្ញាណ ព្រះអង្គម្ចាស់ របស់យើងដែលកំពង់តែតង់នៅបានសួខាវ័ទ្ធ ។

ព្រះតស្សបានបង្រៀនម៉ារីអំពីការដាំរុក្ខជាតិដើម្បីធ្វើ ជាខឹសថ ។ ជាច្រើនឆ្នាំដែលមនុស្សបានធ្វើតាមម៉ារី ហើយ ជាសះស្បើយពីជំងឺឈឺស្វាត់ផ្សេងៗ និងជួយសង្គ្រោះជីវិត គ្រប់ទីកន្លែងដែលនាងបានទៅដល់ ។ ព្រះតស្ស ម៉ារី និង អ្នកប្រតិបត្តតាម ជាមួយគ្នាបានធ្វើដំណើរ ហើយបាន បង្រៀននៅតណ្ហា និង ភាគខាងលិតនៃប្រទេសចិន ។ ចាប់ពីពេលនោះមកការនាំសារនៃមាគ៌ានៃសេចក្តីគោរព ភាពស្រុះស្រួល និង សេចក្តីមេត្តាករុណា បានរីកសាយ ទូ ទាំងអាសុ៍ ។ ទូទាំងអាសុ៍បានរៀនពីព្រាលឹងនៅលើផែន ដី ឬរូរទៅជាវិញ្ញាណនៅពេលពួកគេបានទទួលនូវ ការ ស្រលាញ់ពិត ការគោរពពិត ការរស់នៅដោយស្រុះស្រួលគ្នាពិ តៗ និង សេចក្តីមេត្តាករុណាពិត ។ ទូទាំង អាសុ៍បាន រៀនពីព្រះអង្គម្ចាស់របស់យើងដែលនៅបានស្មូត៌ គឺព្រះអង្គ ម្ចាស់ អាមីតាហា និង ព្រះជាម្ចាស់ ផ្សេងៗទៀតដែលជួយ ព្រះពោធិសត្វ ម៉ាហាស្ពាម៉ាប្រាជគា ។

MARI, THE PURE-HEARTED GIRL

Soon after he was twenty years old, Iesous travelled further east to the city of Kashmir by the Himalaya Mountains. For several years, he studied in that area. Later, he studied in a monastery in the mountains where the Mekong River starts, below Tibet. From this source, Iesous used to draw water and drink from it. His heart could feel the people living off the Mekong as he visualized how the great river made its way to the ocean.

It was in one of those mountain monasteries that Iesous met a woman who would become his best, most learned, monk and follower. She was young, only about seventeen years old and about ten years younger than Iesous. Her name was Mari.

Mari was a slave employed by the monks to do some particularly dirt work. The Buddhist monks did not treat the women as equal humans. They taught that women are less than men, and cannot be reborn in Sukhavati. To them, Mari was only good enough to do dirty work and gain merits for a next life. She could only hope to gain enough merits to one day be born as a man.

These teachings angered Iesous. For that reason, he took Mari as his chief apprentice and he taught her more wisdom than any monk could ever know—he made her a great teacher who would later become world famous, and even more than that.

Young Mari was from the country of Magadha, from the big city Pataliputra. She was moved to the mountains by her slave owner. Magadha was once a great empire next to Bangladesh. It that lies below the Himalaya Mountain where the Ganges River flows wide. It is the birth place of Siddhartha

Gautama, the famous teacher who started Buddhism. People called her, Mari the Magadhalene.

Mari was a young girl but she had an old soul. Her soul recognized the greatness of the spirit of Iesous. She devoted herself to him totally and became his best student and a strong teacher. She travelled with Iesous wherever he went and taught women and children, orphans and widows about the divine spiritual energy of all beings, about the equality of women, and about our spiritual Father God in Sukhavati.

Iesous taught Mari about the way plants can be used as medicines. For many, many years to follow Mari healed people of illnesses and saved lives wherever she went. Together, Iesous and Mari and their followers travelled and taught in India and western China. From there, the message of the Way of humility, simplicity and compassion spread all over Asia. All Asia learned that souls on earth change into spiritual beings when they have learned of true love, humility, simplicity and compassion. All Asia learned of our Father in Heaven, Lord Amitabha and of the Lord's helper Bodhisattva Mahāsthāmaprāpta.

១១. ក្នុងចំណោមសាសនាហិណ្ឌូនិងព្រះពុទ្ធសាសនា

ព្រះអេស៊ូ ធ្វើដំណើរទៅភាគខាងលិច ហើយបង្រៀន ព្រះសង្ឃ បុព្ពជិត និង ស្ដេចជាន់ខ្ពស់នានាគ្រប់ទីកន្លែង ដែលទ្រង់បានទៅដល់ ។ ពួកគេអាចយើញពីបញ្ហាភូតច្រ ដែលចូលមកបំផ្លាញប្រពៃណីរបស់ពួកគេ ។ ពួកទ្រង់ ចាប់ ផ្ដើមផ្លាស់ប្ដូរសាសនារបស់ពួកគេ ។ ការងាររបស់ព្រះអេស៊ូ គឺត្រូវការធ្វើអ្វីមួយដើម្បីបង្កើតព្រះពុទ្ធសាស នាជាថ្មីហើ ថា ម៉ាហាយ៉ាណាទើបអាចទៅរួច ។ ចលនារបស់ពួកគេ ទទួលបានកំលាំងដ៏អស្ចារ្យ ។ ក្នុងការចាប់ ផ្ដើមពុទ្ធ សាសនាថេរវាទបានទន្ទល់នឹងការបង្រៀនរបស់ព្រះអេស៊ូ ប៉ុន្ដែប៉ុន្នានឆ្នាំក្រោយមកពួកគេព្រមទទួល នូវអ្វីដែលទ្រង់ បានបង្រៀន ហើយផ្ដល់កិត្ដិយសដល់ទ្រង់។ រហូតដល់សព្វ ថ្ងៃ ពួកគេអោយកេត្ដិយសដល់ទ្រង់ ទោះបីថេរវាទមួយ ចំនួននៅព្យាយាមប្រកែកមិនព្រមជាមួយព្រះអង្គក៏ដោយ ប៉ុន្ដែពួកគេមិនបានជ័យជំនះ ទ្បើយ ពីព្រោះកេឡរសារនៃ សេក្ដីស្រលាញ់ពីព្រះអង្គម្ចាស់ទៅដល់គ្រប់ទីកន្លែង និង គ្រប់រំធើទាំងអស់។

ពីព្រោះការងាររបស់ព្រះអេស៊ូនៅភាគខាងលិច សាលា សាសនាហិណ្ឌូខ្លះបានកែប្រែសាសនា ។ ចលនាខ្លះ ដូចជា ការទទួលយកចលនាជ្រាក់ទីហ្វីតាជ្រាហ្មារ៉ាត់ ហើយធ្វើអោយ ការឧទ្ទិសអោយខ្លួនឯងដោយមិនចាំបាច់មាន បុព្ពជិត រ៉ អាចារ្យ និង វិហារឡើយ ។ ពួកគេព្រមទទួលយកនូវគុណ សម្បត្ដិរបស់ស្ដ្រី ហើយចាប់ផ្ដើមបង្កើត

សាលាសាសនាសំរាប់ស្ត្រី ។ នេះ គឺជាលើកដំបូងដែលចលនាជាំហ្គាវ៉ាតហ្គីតាត្រូវការ ដើម្បីពង្រឹងភាពរឹងមាំ

ដើម្បីអនុញ្ញាតិអោយស្ត្រី និង មនុស្សដែលមានវណ្ណៈតូចតាចដើម្បីបួងសួងទៅដល់ព្រះ អង្គម្ចាស់ដែលគង់នៅ

បានសួខាវ៉ាទីផ្ទាល់តែម្តងដោយមិនចាំបាច់មានវិហារថ្លៃៗ ហើយដោយមិនចាំបាច់គ្រប់គ្រងព្រះសង្ឃ និងបុព្វជិតឡើយ។

AMONG HINDUS AND BUDDHISTS

Iesous travelled in the East and taught senior monks, priests and kings wherever he went. Many could see the small errors that came into their traditions. Many started making changes in their religions. Iesous' work was what was needed to make the Buddhist renewal called Mahayana possible. Their movement gained great strength. In the beginning, the Theravada Buddhists resisted Iesous teaching but later years they accepted him, and honoured him. Even today, they honour him. Although, a few Theravada still want to deny the Lord but they are not very successful because the message of love from the Lord is present everywhere, in all things.

Because of Iesous' work in the East, several Hindu schools made reformations. Some movements, like the Bhakti movement embraced the Bhagavad Gita and made personal devotion without the need for priests and temples possible. They also accepted the equality of women and started religious schools for women. This was the fire that the Bhagavad Gita movement needed to grow strong, to allow women and lower caste people to worship our Father in Sukhavati directly without expensive temples and controlling monks and priests.

១២.ប្រវត្ដិអំពីដើមឈូក

នៅពេលមួយព្រះអង្គបានទៅក្នុងភូមិមួយក្នុង
ជ្រលងភ្នំ ដែលជាកន្លែងដែលមនុស្សខ្វិកខំពុះពារជាមួយ
ជីវិត ។ ទ្រង់មើលជុំវិញរបស់ទ្រង់ ហើយបានឃើញកាក
សំណល់ជាច្រើនពាសពេញ ហើយឃើញការមិនគោរពតាម
ធម្មជាតិជាច្រើន ។ មនុស្សម្នាមិនសួរមាំម្លូន ហើយកួនៗ
របស់ពួកគេខ្សោះឈឺណាស់ ។

ព្រះអង្គបាននិយាយទៅកាន់ពួកគេថា (អ្នកទាំង
អស់គ្នានឹងមិនមានការរីចចំរើនទៀយ ពីព្រោះអ្នកទាំង
អស់គ្នា មិនបានជ្រួលកេត្ដិយសដល់វិញ្ញាណធម្មជាតិ ។ អ្នក
មិនជ្រួលកេត្ដិយសដល់វិញ្ញាណនៃអ្នកអោយជីវិតដល់ភ្ល
ទាំងអស់នោះ ។ អ្នកអាចរៀនតាមរុក្ខជាតិ ហើយតាមសត្វ
ពាហនៈ ។ ផ្កាដែលនៅក្នុងស្ទួនច្បារ ពួករវទ្ទួល

ដោកជ័យជាងអ្នក ពីព្រោះពួករវាជ្រួលកេត្ដិយសអោ
យជីវិតទាំងអស់នោះ ។ អ្នកបារម្ភណ៍ពីអ្វីៗទាំងអស់ ហើយ
នៅក្នុងដំណើរនោះអ្នកមិនអាចចំរើនកួនៗរបស់អ្នកបាន
ហើយអ្នកនឹងមិនមានសំលៀកបំពាក់នឹងជំរកគ្រប់ គ្រាន់
សំរាប់ខ្លួនអ្នកផ្ទាល់ផងដែរ ។ នៅពេលសំខាន់ណាមួយអ្នក
ជាន់ឈ្លីរុក្ខជាតិ និង សត្វទាំងនោះដែលអ្នក អាចយក
តម្រាបតាមពួកគេប្រសិនណាជាអ្នកជ្រួលកេត្ដិយសអោយ
ពួកគេ) ។

ស្រីម្នាក់បាននិយាយថា (ព្រះអង្គខ្ញុំសុំអង្វរ សូម
បង្រៀនពួកយើងយ៉ាងម៉េចក៏បានដែរ ។ ខ្ញុំមិនដឹងពីការ
រស់នៅ ហើយកួនៗរបស់ខ្ញុំកំពុងតែជិតស្លាប់ដោយសារជំងឺ)
។

ព្រះអង្គសូវបាននិយាយថា (ប្រសើរណាស់នារីប្រពៃ មានចំទ្បើយពីរចំពោះសំនួររបស់អ្នកចំពោះជីវិតរស់នៅ ។ ទីនេះជាកន្លែងពួកយើងអង្គុយ) ។

អ្នកភូមិជាច្រើនបានមកស្លាប់ (សូមប្រាប់ពួកយើង មកព្រះអង្គ អ្វីដែលធ្វើអោយយើងមានភាពរុងរឿង)។

ព្រះអង្គសូបាននិយាយថា (មើលទៅផ្កាឈូកជារុក្ខជាតិ នៅក្នុងបឹង ។ រុក្ខជាតិទាំងនោះរក់ដុចគ្នានឹងថាមពល អាទិទេពដែលរក់ទៅតាមអ្វីៗទាំងអស់ដែលមើលឃើញនិង មើលមិនឃើញ) ។ ដោយគ្មានឧទ្ធិពលនោះ អ្វីៗ ដែលកើត ចេញពីព្រះអាទិទេពទាំងអស់គ្មានអ្វីដែលបិតថេទ្បើយ ។ មានកេត្តិយសនិយាយថា ណាម៉ាសការដល់ រុក្ខជាតិធ្វើ បុណ្យដល់ពួករាសំរាប់ជាការកត្ថាប់ដ៏អស្ចារ្យរបស់អ្នក ជាម្ចួយមហិន្ទិវិទ្ធិដ៏ធំមហិមា មហិន្ទិវិទ្ធិដែល គ្របដណ្ដប់ ពាសពេញពិភពលោក ។

ស្ត្រីម្នាក់បានសួរថា (វេទមន្ត្ររុក្ខជាតិនេះយ៉ាងម៉េច នៅព្រះអង្គ ?)

(វាមិនមែនវេទមន្តទេ ។ គ្មានវេទមន្ត្រអ្វីទាំងអស់ ។ វាធ្វើដោយអាកប្បកិរិយា ។ ផ្ដាស់ប្ដូរអាកាប្បកិរិយា ឆ្ពោះ នៅរករុក្ខជាតិ ធម្មជាតិ និង សត្វ ហើយអ្នកនឹងយកពួក គេជាមិត្តរបស់អ្នក ជាគ្រូរបស់អ្នក ជាអ្នកមាន

មេត្តាករុណារបស់អ្នកនៅក្នុងជីវិត ។ ពួកគេសប្បាយ រីករាយបំរើសេវាដល់អ្នក ប៉ុន្ថែព្រលឹងរបស់អ្នកនឹង ស្លាប់ បើអ្នកមិនអោយតុណតំលៃ វ៉ មើលថែពួកវា) ។

(យកផ្កាឈូកជាគ្រូ ជីវិតដុចជាផ្កាឈូក នៅពេល អ្នកមើយមុខខ្ញុំអ្នកនឹងឃើញផ្កាឈូក ។ នៅពេលអ្នកមើល ផ្កាឈូកអ្នកនឹងឃើញមុខខ្ញុំ ។ រុក្ខជាតិនោះចាប់ផ្ដើមពី ត្រាប់មួយត្រាប់ ។ ត្រាប់ពូជដែលដុះនៅទីនេះបានមកពី

ទន្លេខាងលើ ។ វាអណ្តែតរសាត់ ហើយជួបនឹងដីល្បប់ក្នុង
ស្រះស្មោគគ្រោគរបស់អ្នក ។ វាថាអ្នកត្រូវតែជីកទឹក

ស្រះដ៏កង្វក់នេះ ហើយវាសំរេចចិត្តជួយអ្នក ។ វាមួជ
ទៅក្រោមភក់ វាចេញជាឫសជាច្រើនវែងជាងដប់ម៉ែត្រ ឫ
សនឹងចេញពាសពេញផ្ទៃស្រះ ។ ឫសរបស់វាប្រហោងៗ ពួក
វាចាក់ឫសចូលទៅជ្រៅដើម្បីសុីអ្វីៗដែល កង្វក់នៅទី
ងងឹតបាតក្រោម ហើយវាសំអាតទឹកអោយស្អាត ។ វាធ្វើ
អោយមានខ្យល់ឧសុីសែននៅក្នុងទឹក ។ សត្វពាហនះមក
រស់នៅជិតៗវា ពីព្រោះវាសំអាតភក់ និង បង្កើតចំណីច្រើន
សំរាប់សត្វល្អិត ។ ទឹកនៅក្នុងស្រះ ប្រែជាថ្លា ហើយស្អាតសំ
រាប់ប្រើប្រាស់ ។ វាចំណាយពេលទាំងអស់ជួយផ្តល់កន្លែងសំ
រាប់រស់នៅ ដោយចិញ្ចឹម

អ្នកដ៏ទៃ ដោយបង្កើតចំណីដល់ពួកគេ ដោយផ្តល់ជំ
រក និង វាមានភាពរុងរឿងព្រោះអ្វីៗទាំងអស់នោះ។
អាទិត្យក្រោយ អ្នក និងកូនៗរបស់អ្នកប្រមូលផលខ្លះពីឫ
សរបស់វា និងហូបឫសឈូកយ៉ាងឆ្ងាញ់។ សំរាប់ សុខភាព
ដល់មនុស្សលោក និងល្អសំរាប់បញ្ញាញាណ ។ អ្នកត្រូវសិក្សា
ពីវា អ្នកនឹងអាចមានភាពរុងរឿងផង

ដែរ ។

ថ្ងៃមួយ វានឹងលូតខ្ពស់ ហើយបញ្ចេញបណ្តូលនៅលើទឹ
ក។ វាឈរបែរទៅរកពន្លឺ ដូចយើងដែរ នៅពេលវាប៉ះពន្លឺ
វាបញ្ចេញស្លឹក ហើយត្រដាងពេញបឹង ។ ភ្លាមៗនោះត្រី
កង្កែប និងសត្វផ្សេងទៀត ដែលតូចៗមករស់នៅទីនោះ
ខាងក្រោមជំរករបស់វា។ វាបញ្ចេញជាតិត្រជាក់ក្នុងស្រះ
ដើម្បីរក្សាទឹកផឹងរបស់ អ្នកអោយត្រជាក់ស្រស់ស្រាយ ។ វា
បញ្ចេញក្លិនផ្កាដល់សត្វឃ្មុំ និងមេអំបៅសុី សំរាប់សត្វចាប
តូចៗផឹក សំរាប់ការតុបតែងទីសក្ការះបូជា ស្លឹកវា គឺជួយ
ជីវភាពគ្រួសាររបស់អ្នក ដើមខ្ចីៗ គឺជាអាហារដ៏ល្អ គ្រាប់
របស់វា គឺល្អចំពោះសុខភាព ហើយអ្នកហូបចូលចិត្តគ្រាប់ៗ

គ្នាលើពិភពលោក ។ រាប់ពាន់ជីវិតចាប់ផ្ដើមទាញជា
ប្រយោជន៍ យ៉ាងស្រួល ពីព្រោះរាមាននៅក្នុងភូមិរបស់អ្នក
រាអោយជាប្រយោជន៍ច្រើនជាងរាទទួលបាន ចឹងហើយ
បានជារាមានភាពរុងរឿងរហូតមកដល់សព្វរ ចឹងហើយ
បានជារាមានកិត្តិយសរហូតដល់ ហានសុខា

រាទី ។ តើអ្នកអាចអោយប្រយោជន៍ទៅអ្នកដ៏នៃ
ច្រើនជាងអ្នកទទួលបានទេ ? តើអ្នកត្រូវបានគេគោរព
នៅ ហានសុខារាទីដូចរក្ខជាតិឈ្មួកទេ ?

នៅហានសុខារាទី រាគីមានកេត្តិយសចំពោះកិច្ចការ
មួយចំនួន រាធ្វើការអោយអ្នក និងអ្នកជិតខាងរបស់រា
ទាំង អស់ មើលទៅអ្នក តើអ្នកកំពាង់តែធ្វើអ្វី ? បឹងរបស់
រា គីជាកន្លែងកកួតចេញពីកាក់សំណល់របស់អ្នក ។ អ្នក

មិនគោរពទីកន្លែងរបស់រាទេ អ្នកមិនគិតពីត្រីដែល
អ្នកត្រូវការធ្វើជាចំណី ហើយតើអ្នកចាក់ចោលសំរាមទៅ
ក្នុងផ្ទះរបស់ពួកគេយ៉ាងម៉េចទៅ ! អ្វីដែកកន្លែក់របស់អ្នក
ជាខស្ទីនបំពុលទីក ដល់ពេលសព្វរអ្នកយំថាអ្នកកំពាង់ តែ
តើកទុក្ខ។ មូលហេតុអ្វីអ្នកគួរតែដឹង និងព្រមទទួលដើម្បី
ញ៉ាបាលអោយល្អជាងអ្វីដែលអ្នកធ្វើដាក់ជីវិត

ដ៏នៃ ? អ្នកជិតខាងរបស់អ្នកធ្វើសហកមន៍ ដោយ
គ្មានសហកមន៍ អ្នកគីមិនមានអ្វីសោះ ប៉ុន្តែអ្នកនឹងទទួល
រង គ្រោះនូវរាំពើដ៏យោយៗ៉ៅពីកាផែនដ៏។

PARABLE OF THE LOTUS FLOWER

At one time, Iesous was in a village in a valley where the people were

struggling with life. He looked around him and saw a lot of waste, and a lot of disrespect for nature. The people were not strong and their children were often sick.

Iesous said to them. "You do not prosper because you do not honour the spirits in nature. You do not honour the spirit of the Creator that flows through all things. You can learn from plants, and from animals. The flowers in the field, even they are more successful than you because they honour these things. You worry about everything and in the process you cannot feed your children and you don't have sufficient to clothe and shelter yourself. And in the meantime, you trample the plants and animals from which you could learn, if only you honoured them."

One woman said, "Lord, I beg of you. Teach us how. I don't know how to live, and my children are dying of sickness."

Iesous said, "Right here, good woman, are two answers to your questions of life. Right here where we sit."

Many villagers came to listen. "Please tell us Lord that we too may prosper."

Iesous said, "Look at the lotus plants in the pond. In those plants run the same divine energy that runs through all things seen and unseen. Without that energy, which comes from the Creator of all, nothing exists. Honour that. Say Namaste to the plant, do Sampea to it—for it is your great connection to the greatest power, the power that upholds the universes."

"How is this plant magic, my Lord?" asked one lady.

"No magic, dearone. No magic at all. It has to do with attitude. Change your attitude towards plants, nature and animals and you will find they are your friends, your teachers, and your companions in life. They are happy to be of service to you—but your soul will die if you do not appreciate them or care for them."

"Take the lotus as a teacher. Live like the lotus. When you look at me, see the lotus. When you look at the lotus, see me. That plant starts from a single seed. The seed comes down here from the river above. It drifts by and sees your muddy, dirty pond. It knows you must drink from this filthy pond and it decides to help you. It goes down to the mud. It sets out roots, more than ten meters the roots go out all around the pond. Her roots are hollow. They filter the deep mud to eat the filth in the darkness down there, and she cleans the water. She puts oxygen in the water. Other animals come to live close to her because she cleans the mud and makes more food for insects. The water in the pond becomes clear and clean for you to use. She contributed to the place where she lives by feeding others, by making food for them, by providing shelter and all the while, she prospered because of that. Next week, you and your children harvest some of her roots and eat delicious lotus root. Healthy for humans, and good for the soul. You should learn from her; you too can be prosperous that way.

One day, she grows tall and sends out stems to the light above. She rises to the light. Just like you should also do. When she reaches the light, she makes huge leaves and spread them over the pond. Quickly small fish, frogs, and many, many other animals come to live there under her shelter. She cools the pond, keeping your drinking water fresh. She makes fragrant flowers for bees and butterflies to eat from. For small birds to drink from. For your shrine decorations. Her leaves are nutritious for your family. Her stalks are known as good food. Her seeds are wholesome and loved by eaters all over the world. Thousands of living beings benefit simply because she lives in their village. She gives more than she takes, that is why she is prosperous. That is why she is honoured even in Sukhavati. Do you give more than you take? Are you as respected in Sukhavati as a lotus plant?

In Sukhavati she is honoured for the good work she does for you, and all her neighbours, look at what you do. Her pond is filthy from your waste. You don't respect her home. You don't think of the fish, whom you need for food, and how you put your waste in their home. Your filth is poisoning the waters, yet you cry that you are suffering. Why do you deserve to be treated differently than the way you treat other living beings? Your neighbours make your community. Without community, you are nothing but a victim to the evil powers of the world.

CHAPTER 13

១៣. ប្រវត្តនៃម្រុំ

ប្រជាជននៅក្នុងភូមិបានត្រង់ត្រាប់ស្តាប់ ។ ពួកគេគឺឆ្ងល់នូវឥទ្ធិពលនូវការបង្រៀនរបស់បុរសម្នាក់ដែលមកពីទិសខាងលិច គ្រូអាទិទេពនេះមកពីឋានសួខារ៉ាទី ។

ស្រ្តីម្នាក់បាននិយាយថា (លោកម្ចាស់មានថ្នាំអ្វីទៅ កូនៗរបស់យើងឧស្សាហ៍ឈឺជាញឹកញាប់ តើរក្សាជីវិតពួកគេយ៉ាងម៉េចបានទៅ ?) លោកម្ចាស់បាននិយាយថា តើដើមឈើដ៏ល្អស្រស់នេះ ដែលជាម្លប់ដល់ពួកយើងកំពង់តែអង្គុយពីក្រោមនេះឈ្មោះអ្វី ? អ្នកភូមិមើលទៅដើមឈើពួកគេពិតជាមិនដឹងឈ្មោះអ្វីទេ ។ ព្រះឥសូនិយាយ ថា (នាងគឺជាសមាជិកម្នាក់នៅក្នុងភូមិរបស់អ្នក ហើយអ្នកមិនដឹងថានាងជានណារទេ ? អ្នកមិនគិតពីសុខភាព រីជិវិតរបស់នាងឡើយ ? នោះហើយដែលអ្នកភូមិមិនដឹងពីប្រយោជន៍នាងយ៉ាងម៉េច) ។

មានតែបុរសជំណាស់ម្នាក់ដែលដឹងឈ្មោះរបស់នាង (លោកខ្ញុំស្គាល់ វាគឺជាម្រុំ) ព្រះឥសូបានឆ្លើយថាបាទ (នោះគឺជាឈ្មោះរបស់នាង ។ តើអ្នកបានដឹងទេថាស្លឹកនៃអរយើរះនេះ នៅក្នុងភូមិរបស់អ្នកដែលនាងនឹង ប្រទានដល់អ្នកអាចចិញ្ចឹម ហើយអាចធ្វើអោយកូនៗរបស់អ្នកជាសះស្បើយបាន ? ម្រុំនេះនៅក្នុងភូមិរបស់ អ្នក គឺជារុក្ខជាតិដែលពូកែស័ក្តសិទ្ធ ។ នាងអាចចិញ្ចឹម និង ព្យាបាលជំងឺបានយ៉ាងពូកែ គ្រាប់របស់នាងអាច ជួយជាមួយប៉ារ៉ាស៊ុីត និងជំងឺទន់ខ្សោយផ្សេងៗទៀត ស្លឹករបស់នាងអាចជួយជាអាហារបំប៉ន និងថ្នាំកែរោគ និងជំងឺច្រើនប្រភេទហើយម្រុំនេះវាគឺជាអរយើរះដ៏មានសោភ័ណភាពនៅក្នុងភូមិ ។ ជាការពិតមានអ្នកជិតខាង ជាច្រើនចូលចិត្តម្រុំនៅក្នុងភូមិរបស់អ្នក បែរជាអ្នកមិនចេះមើលថែអោយបានល្អ

សូមផ្តាស់ប្តូរចិត្តរបស់អ្នក អំពីស្ថានភាពនេះ ហើយអ្នក
នឹងទទួលបានភាពរុងរឿងបំផុត ។ អ្នកត្រូវតែស្រលាញ់
អ្នកជិកខាងរបស់អ្នក អោយច្រើនជាងខ្លួនអ្នក មិន
ដូច្នេះអ្នកនឹងមិនបានឃើញហានសុខរាទិៗឡើយ ។

ភូមិតួចដែលព្រះគសូបាននិយាយពាក្យទាំងនោះ គឺ
នៅក្នុងភូមិ ពិហារ គឺជាទីក្រុងដ៏ល្បី ហើយស្នាក់បំផុត
ហើយថ្ងៃនេះពួកគេមានកេត្តិយសសំរាប់សមាជិកទាំងអស់
នៅក្នុងភូមិរបស់ពួកគេ។

TEACHING OF THE MORINGA TREE

The people of the village listened intently. They were amazed at the

power of the teaching of this man from the west, this divine teacher from

Sukhavati.

One woman said, "Lord, but what about medicine. Our children are

always sick; how do we save their lives?"

The Lord said, what is the name of this beautiful shade tree under

which we sit today?

The villagers looked at one another. They didn't really know. Iesous said, "She is a member of your village. And you don't know who she is? You don't care about her health, or about her life? That is not how a village is made."

An old man in the group was the only one who knew the name. "I think her name is Morom, sir."

"Yes," said Iesous. "That is her name. Did you know that the leaves of this member of your village, which she willingly gifts to you, can feed and heal your children? This Morom in your village is a sacred plant. She can feed and heal. Her seeds help with parasites and other ailments. Her leaves help with nutrition and medicine for many, many diseases. And Morom here, she is always willing to share with you. You should be more like her and you will be more prosperous. You should come and save your children's lives by working closely with Mrs. Morom here. She is a very beautiful member of your village. Certainly there are many neighbours like Morom in your village who are not being treated well at this time. Go, and change your hearts about this and you too will prosper. You must love your neighbours as you love yourself, else you will not see Sukhavati."

It is said that the little village where Iesous spoke those words in Bihar is today a famous and beautiful city. And even today, they honour all members of their village.

១៤. ព្រះគ្រិស្ននិងម៉ារីធ្វើដំណើរទៅភាគខាងលិច

ក្រោយមកនៅពេលព្រះគ្រិស្តមានអាយុ ២៨ឆ្នាំ ព្រះ
អង្គ និងម៉ារី ចាក់ចេញពីភាគខាងកើត ហើយធ្វើដំណើ

រទៅភាគខាងលិច ទៅចក្រភពរ៉ូម៉ា ។ ទ្រង់ចង់
បង្រៀនប្រជាជនភាគខាងលិច អំពីព្រះជាម្ចាស់នៅហាន
ស្គត និង បង្រៀនពីមាគ៌ាជីវិតពិត ដែលត្រូវបំពេញនូវ
គោលបំណងនៃបញ្ញា ។ ការបង្រៀនថា តើបញ្ញារបស់
មនុស្ស

ប្រជាវិញ្ញាណយ៉ាងម៉េច ដើម្បីបំបែកសេរីភាពពីទីរដ្ឋ
សង្គា ទៅរស់នៅក្នុងហានសួខារ៉ាទីយ៉ាងម៉េច ។ ពួកទ្រង់

ដិះកប៉ាលពីភាគតណ្ហាខាងលិចទៅឈូងសមុទ្រអា
រ៉ាប់ ។ ដំបូងម៉ារី និងព្រះគ្រិស្ត មានរៀងហេតុជាមួយ
មនុស្ស នៅភាគខាងលិចយ៉ាងខ្លាំង ។ សាសនារបស់ពួក
គេគឺខុសគ្នា ពួកគេត្រូវការរៀនពីកម្មពារ និងការចាប់
ជាតិជាថ្មី ពីព្រោះបុព្វជិត និងព្រះសង្ឃ គឺមិនបាន
បង្រៀនដំនៀៀទាំងនោះទេ ។ ពួកគេជាច្រើនជឿថា មនុស្ស
មានជីវិតតែ

មួយប៉ុណ្ណោះ ទោះជាជីវិតមានប៉ុន្មានម៉ោង រី ប៉ុន្មាន
ឆ្នាំក៏ដោយ ។ សាសនាពួកគេ បានបង្រៀនអំពីគុលសម្ព័ន្ធ
ព្រះ ដែលស្រលាញ់តែសម្ព័ន្ធតែមួយ ហើយស្អប់សាសនាដ៍ទៃ
ទាំងអស់ ។ សាសនាពួកគេបានបង្រៀនពីបញ្ញាណ ដែលរង
ទារុណកម្មដោយព្រះនៅក្នុងហាននរក ប្រសិនជាពួកគេមិន
បានបរិច្ឆាកបច្ឆ័យទៅអាចារ្យ ហើយបាន បង្រៀនពី
សង្រ្គាមព្រះ ពោរពេញទៅដោយកំហឹងច្រណែន និងសេចក្ដី
ស្អប់ខ្ពើម ទោសៈ ហើយមនុស្សពួកគេ

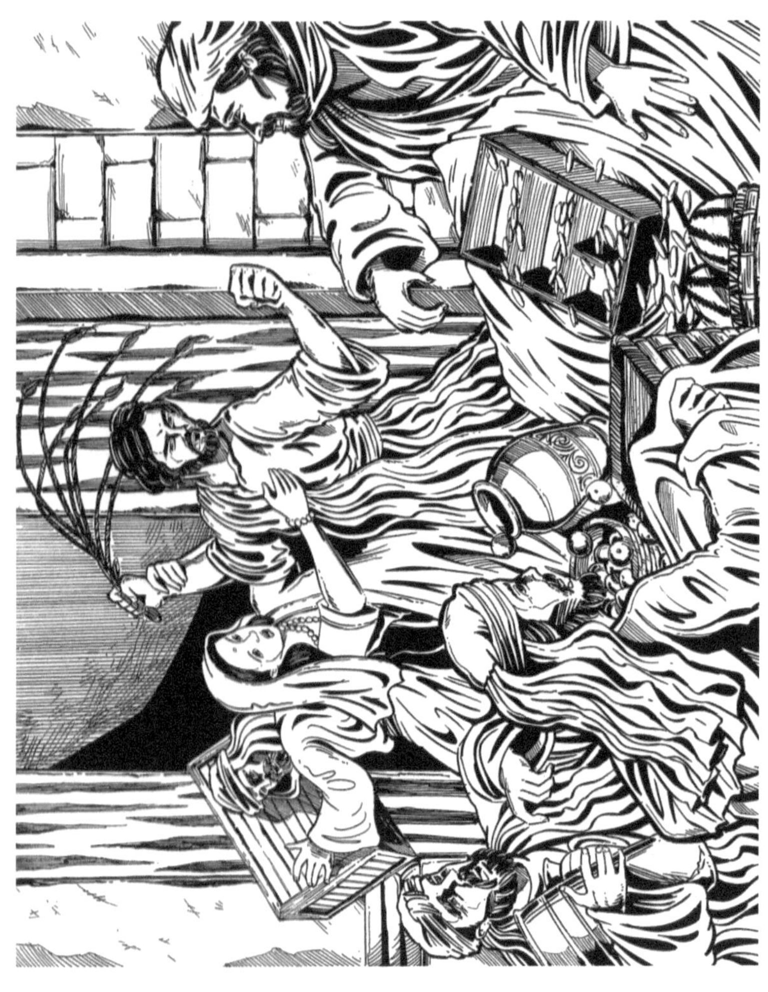

គឺចូលចិត្តព្រះរបស់ពួកគេណាស់ បង្កាត់អាហារសំរាប់
អំណាចសង្គ្រាម និងការគ្រាបសង្កត់អ្នកដទៃ ។

ព្រះគស្ និង ម៉ារី បានជួយប្រជាជនក្រីក្រ ហើយម៉ា
រី បានប្រើចំនេះដើងផ្នែកថ្នាំព្យាបាលរបស់នាងដើម្បី

ជួយព្យាបាលជំងឺពួកគេអោយជាសះស្បើយ ។ នៅ
ពេលនោះ ប្រជាជនចាប់ផ្ដើមបន្លិចម្ដងៗដើម្បីបង្រៀន
ពួកគាត់ គ្មានអ្វីសំខាន់ជាងការបង្រៀនទេ។

មេភូមិ មេក្រុង មិនចូលចិត្តព្រះយេស៊ូ និង ម៉ារី
ឡើយ ។ ពួកគេបានព្យាយាមស្វែងរកពួកគាត់ទាំងពីរ
ដើម្បីបង្ក្រាប ដំណើរការ ពួកគេខ្លាចពីព្រោះអ្នកដែលជឿ
តាមពួកគាត់ទាំងពីរមានការកើនឡើង ។ មេដឹកនាំ គឺ
ខ្លាចសាសនា ពួកគេត្រូវបានប្រជាជនមិនគោរពតាម ។
ពួកគេភ័យខ្លាចការបង្រៀនរបស់ព្រះយេស៊ូពីវិញ្ញាណរស់នៅ
របស់ ព្រះអម្ចាស់នៃមានស្នូក់នឹងធ្វើអោយប្រជាជនឡា
ចេញពីសាសនានៃព្រះដែលពោរពេញទៅដោយកំហឹង
ហើយធ្វើអោយប្រជាជនឈប់ផ្ដុតផ្ដង់ដលពួកគេ។

ពេលមួយនៅក្នុងវិហារជឿរ៉ូហ្ស៊ីឡឹម ព្រះយេស៊ូពិតជាទប់
កំហឹងមិនបាន ។ ទ្រង់បានគិតថា វាគឺមិនត្រឹមត្រូវចំពោះ
ផ្នែកការខុទ្ធិស និង ផ្នែកខាងវិញ្ញាណឡើយ ។ ទ្រង់បាន
ក្រឡាប់តុដែលដាក់ប្ដូរយលុយ ហើយទ្រង់បានវាយ និង
បណ្ដេញឈ្មួញទាំងអស់អោយចេញពីវិហារ (អ្នកនិយាយថា
នេះជាផ្ទះព្រះនៃព្រះអម្ចាស់នៃយើងដែល គង់នៅហាន
ស្នូក់ ។ បើដូច្នេះមែនចឹងត្រូវតែជាកន្លែងដែលមានសុវត្តិ
ភាព និងស្រស់ស្អាតដូចកន្លែងព្រះជាម្ចាស់ អព្ញឹង មិន
មែនជាកន្លែងនៃសេចក្ដីលោភលន់ បោកប្រាស់ និងជ្ជព្ញ
ដួរ ដូចជាព្រះរបស់អ្នកនោះទេ) ។

ដោយសារឧប្បត្តិរវហេតុនៅក្នុងវិហារជឿរ៉ូស៊ីឡឹម មេ
ដឹកនាំសាសនាទាំងអស់សំរេចចិត្តដើម្បីសំលាប់ព្រះយេស៊ូ
ពីព្រោះប្រជាជនជាច្រើននាក់បានជឿដាក់លើព្រះអង្គ ។
ដូចជាអ្នកនយោបាយពុករលួយពួកគេសំរេចចិត្ត ពិយាក
ព្រះអង្គដោយចោទប្រកាន់នូវពាក្យមិនពិត ហើយសំលាប់
ព្រះអង្គ ។ពួកគេបានបង្រៀនអ្នកដែលឆ្លាប់ ជឿៗតាមផ្លូវ
របស់ព្រះអង្គថាអោយពួកគេឈប់ធ្វើតាម ។

IESOUS AND MARI GOES WEST

Later, when Iesous was about 28 years-old, he and Mari left the East and travelled west to the Roman Empire. He wanted to also teach the people of the West about our Father in Heaven and the true Way of life that fulfills the purpose of souls. Teaching how the human soul becomes a spiritual being, how to break free from samsara and live in Sukhavati forever.

They took a ship from western India up the Arabian Gulf. At first, Mari and Iesous had trouble with the people in the west. Their religions are different. They needed to learn about karma and reincarnation because their priests and monks were not teaching those truths. Many of them believed that humans have one life only, whether it is for a few hours or a few years. Their religions taught about tribal gods who love only the one tribe and hate all others. Their religions taught about souls being tortured by gods in hell if they don't give to the priests, and about warring gods full of wrath, jealousy and hatred. And their people were just like their gods, hungry for power, war and domination of others.

Iesous and Mari helped the poor, and Mari used her knowledge of medicine to heal the sick. In that way, people slowly started to learn they had something important to teach.

The leaders of the villages and towns did not like Iesous, or Mari. They found them to be troublemakers. They were afraid because the followers of the Way increased in number. The leaders were afraid their religions were not being obeyed. They were afraid Iesous' teaching of the loving Father of Spiritual Heaven would make people leave the religions of the angry gods, and make the people stop giving money.

One time in a temple in Jerusalem, Iesous really lost his temper. He didn't think it was right for money to be part of worship and spirituality. Iesous was angry. He overturned the tables of the money-makers and he took a whip and chased all the merchants out of the temple, "You say this is the house of God our Father in Heaven. If so, then it must be a place of peace and beauty as our Father is, not a place of greed, cheating and commerce as your gods are."

Because of that incident in the Temple in Jerusalem, the religious leaders decided to have Iesous killed because more and more people followed him. Like corrupt politicians, they decided to have him arrested on false charges and have him put to death. They wanted to teach the followers of the Way that they must stop following.

១៥. ប្តូរផែនការ

ព្រះគេសូដឹងថា អ្នកឧនយោបាយ និងមេដឹកនាំ សាសនាកំពុងមករកព្រះអង្គ ។ ព្រះអង្គបានក្រលេកមើល ទៅ ក្រោយឃើញថា ព្រះអង្គបានបំពេញភូតនាទីបានសំរេច ហើយនៅរយៈពេលសាមសិបឆ្នាំនៅលើផែនដីរស់នៅ បែប មនុស្សលោក ។ ព្រះអង្គ គឺបារម្មណ៍ថាវាគឺមិនគ្រប់គ្រាន់ ។ នៅជុំវិញព្រះអង្គ ព្រះអង្គបានឃើញថា សេចក្តីទុក្ខព្រួយនៃ ការគៀបសង្កត់ ជិះជាន់ និងអ្នកដែលជិះជាន់គេនឹងក្លាយ ជាអ្នកមានអំណាចកាន់តែខ្លាំង ឡើង ។

ព្រះគេសូបានខទូនិសដល់ព្រះបិតា " ឱព្រះបិតាអាប់ ហា (សង្រ្គេកមានន័យថាព្រះបិតានៃពន្លី ព្រោះព្រះអង្គម្ចាស់ អាមីតាបហាមានពន្លីនៃខគ្គមគតិគ្គានដែនកំណត់) ខ្ញុំម្ចាស់សុំថា ព្រះអង្គអនុញ្ញាតិអោយខ្ញុំម្ចាស់មកបំពេញ កា តាព្ញកិច្ចនៅលើផែនដីជាមួយព្រលឹងទាំងនោះ ខ្ញុំម្ចាស់ ស្រឡាញ់ចូលចិត្តបំផុត ។ ខ្ញុំម្ចាស់ចង់គង់នៅទីនេះរហូត ដល់អ្នកទាំងអស់គ្នាគឺបានប្រសើរឡើង ហើយបានចាប់ កំណើតនៅហានសួខារ៉ាទី ។ ព្រះបិតា ខ្ញុំម្ចាស់ក្រាបទូលសុំ ព្រះអង្គម្ចាស់អនុញ្ញាតិអោយខ្ញុំម្ចាស់ដើម្បីបំពេញកិច្ចការ នៅក្នុងរូបរាងជាវិញ្ញាណ ខ្ញុំម្ចាស់ និងអ្នកដែលជឿ ស៊ីប និងសាសនារបស់ខ្ញុំម្ចាស់ ពួកយើងនឹងធ្វើការជួយដើម្បី បញ្ចប់ការទុក្ខសោករបស់មនុស្សលោក" ។

ព្រះបិតារបស់យើងដែលគង់នៅហានស្តួក៍បានយើញ ថា បេះដូងរបស់ព្រះគេសូនឹងឈឺចាប់ប្រសិនជាព្រះអង្គ

បដិសេធចំពោះទ្រង់ ។ ព្រះអគ្គបានមានបន្ទូលទៅព្រះឥសូ វិញថា ត្រូវរងចាំការសំរេចចិត្តរបស់ទ្រង់សិន ។ ព្រះឥសូ គង់នៅទឹំសមាធិដើម្បីធ្វើការសមាធិជាយូររហូតដល់ការរងចាំ ការសំរេចចិត្តរបស់ព្រះបិតា ។

មេត្តាករុណាដ៏ផ្ទុំមហិមារបស់ព្រះឥសូចំពោះផែនដី ចាប់ផ្ដើមមានការកើនឡើងគ្រប់ពេលដែលទ្រង់គង់នៅជា មួយពួកគេជាមនុស្សលោក ។ ស្ដេចព្រះបិតានៅហានសុខា វ៉ាទី បានពិភាក្សាជាមួយព្រះពុទ្ធអគ្គជាន់ៗខ្ពស់នៅ ហាន ស្គ់ ទ្រង់បានប្រាប់អំពីការស្នើរសុំរបស់ព្រះឥសូ ។ បន្ទាប់ ពីការពិភាក្សាដ៏យូរ ពួកទ្រង់បានយល់ព្រម ទាំងអស់ថា គ្មាននរណាម្នាក់ដែលរស់នៅលើភពផែនដីដែលសាក់សម ទេ ហើយមានតែព្រះឥសូម្នាក់គត់អាច ធ្វើបាន ពីព្រោះ ភាពករុណាមេត្តាធម៌ ហើយនិងមហិទ្ធិវិទ្ធវិញ្ញាណដ៏ផ្ទុំ មហិមារបស់ទ្រង់ ។ គ្មានអ្នកផ្សេងទៀយ ដែលអាចធ្វើបាន លើកលែងតែព្រះបិតារបស់យើងតែប៉ុណ្ណោះដែលមាន ករុណាមេត្តាធម៌ និងកម្លាំងនៃវិញ្ញាណ ដើម្បីសំរេចបាននូវ កិច្ចការនោះៈ។

អស់កាលនៃការសមាធិដ៏យូរអង្វែងរបស់ទ្រង់ ព្រះ ឥសូបានទុកសំបកខ្លួនរបស់ទ្រង់ជាមួយកូនសិស្សពីរនាក់ របស់ទ្រង់អោយមើលថែរ ហើយទ្រង់បានទៅចូលរួមប្រជុំ នៅហានស្គ់ដែរ ។ ទីនោះទ្រង់បានសច្ចាដល់ព្រះ បិតាថា ប្រសិនបើទ្រង់ទទួលបានការអនុញ្ញាតិ ទ្រង់នឹងមិនបញ្ចប់ ដរាបណាព្រលឹងចុងក្រោយទាំងអស់នោះ គឺបានដោះលែង ហើយបាននចប់សប់គ្រប់ពីផែនដី ។ ទ្រង់បានបំពេញកាតា ពួកិច្ចក្នុងការអភិរន្ធគ្រីវិញ្ញាណទាំង អស់រហូតដល់មនុស្ស លោកបានរួចផុតពីភាពល្ងង់ខ្លៅរបស់ពួកគេ ហើយចាប់ ជាតិជាថ្មីមានសេរីភាពពីវាល

វដ្ដសង្សា មានសេរីភាពពីការចាប់មដិសន្ធិជាថ្មីនៅ លើផែនដីជារៀងរហូតៈ។

CHANGE OF PLAN

Iesous knew that the politicians and religious leaders were coming for him. He looked back on all that he had accomplished in his thirty years on Earth, living as a human. He was worried that it was not enough. All around him, he saw the suffering of the oppressed, and the oppressors becoming more powerful.

Iesous prayed to the Father, "Abha Father (which means Father of Light in Sanskrit, because Amitabha has Infinite Light of Wisdom), I ask that you allow me to work here on Earth among these soul beings whom I love so much. I want to remain here until each one of them is perfected and reborn in Sukhavati. Father, I ask that you allow me to work in my spiritual form, me and my closest devotees, we will work to help stop the suffering."

Our Father in Heaven could see that Iesous' heart would break if he denied him. He told Iesous to wait for his decision. Iesous remained in samadhi meditation for a long time, waiting the Father's decision.

Iesous' immense compassion for earth beings had increased over his time living among them as a human. Father King of Sukhavati discussed with the senior Buddha's in heaven. He told them about Iesous' request. After long discussions, they all agreed that no one in the universe is better suited for it, and only Iesous can do it because of his immense compassion and spiritual powers. No one else, except for God our Father, had the compassion and strength of spirit to take that task.

~ 74 ~

In his time of deep meditation, Iesous left his body in the care of two students, and he attended the Council in Heaven. There, he vowed to the Father that if he was granted permission, he would not stop until even the last soul being was liberated, and graduated from Earth.

He would work on the spiritual development of all until all creatures were saved from their ignorance and be reborn, free from samsara, free from reincarnation on Earth, over and over.

CHAPTER 16

១៦. ព្រះពោធិសត្វដ៏ស្រស់សោភាបំផុត

ព្រះរាជបិតារបស់យើងបានដឹងថា ការរីកចំរើននៃការស្រលាញ់ និង ករុណាមេត្តាធម៌របស់ព្រះឥសូទទួលបាននូវមហិទ្ធិរិទ្ធិវិញ្ញាណដ៏អស្ចារ្យ ។ មួយចំនួននៃមហិទ្ធិរិទ្ធិដ៏មហិមាទាំងនោះ គឺប្រមូលផ្តុំតែមួយដើម្បីឧទ្ទិសដល់ ព្រះរាជបិតាដោយខ្លួនទ្រង់ផ្ទាល់ ។ ចាប់តាំងពីពេលនោះមកពុំមានអ្វីកើតឡើងនៅលើភពផែនដីឡើយ ប៉ុន្តែ ព្រះរាជបិតាទទួលបានមហិទ្ធិរិទ្ធិទាំងនោះ ហើយវាជាអ្វីៗទាំងអស់ដែលបានមក ពីព្រោះតែភាពករុណាមេត្តាធម៌ និង ការស្រឡាញ់ សេក្តីគោរព និង ភាពស្រុះស្រួលដ៏មហិមារបស់ព្រះឥសូ ។

ព្រះរាជបិតារបស់យើងអនុញ្ញាតិនូវសេចក្តីប្រាថ្នារបស់ព្រះឥសូ ហើយទ្រង់អនុញ្ញាតិអោយទ្រង់មានឥទ្ធិពលមួយចំនួនដែលពីមុនមិនដែលមាននៅឋានសួខាវ៉ាទី ។ ព្រះពុទ្ធបុរាណ និង វិញ្ញាណចាប់មានពីរាប់លានឆ្នាំនៃអាយុកាល គឺធ្វើអោយស្រឡាំងកាំងនៅពេលឃើញមហិទ្ធិរិទ្ធិទាំងនោះ ហើយព្រះរាជបិតាដាក់ឈ្មោះថ្មីអោយ

ព្រះឥសូ។ទ្រង់បានមានបន្ទូលថា " បុត្រារបស់បិតាចាប់ពីពេលនេះទៅបុត្រានឹងបានដឹងដោយកេរ្តិ៍ឈ្មោះ ស័ក្តសិទ្ធនៃភាពរុងរឿងរបស់បុត្រ **អវលោកេតេស្វរ** "ព្រះរាជបិតាបានចាប់ផ្តើមប្រកាសពេសពេញនៅ ឋានសួខាវ៉ាទី និង ឋានសួគ៌ទាំងអស់ ។ សីផ្ទើតឈ្មោះ **អវលោកេតេស្វរ** មានន័យថា (ព្រះជាម្ចាស់ដែល អាចលឺ និងឃើញនូវការឈឺចាប់រងទុក្ខវេទ្នានៅលើផែនដី) ។

MOST COMPASSIONATE BUDDHA

Our Father realized that Iesous' increasing love and compassion has gained him extraordinary spiritual powers. Some of those immense powers were unique to the Father himself. Up until that time, no being in the universe but the Father had those powers—and it was all because of Iesous' tremendous compassion and love, humility and simplicity.

Our Father granted Iesous' wish and he also granted him more powers, some that were never before seen in Sukhavati. Ancient buddhas and spiritual beings of millions of years of age were astounded to see those powers. And the Father renamed Iesous. He said, "My son, from this time forward, you will be known by your splendorous holy title, Avalokitesvara," the Father announced to all beings in Sukhavati and all other heavens. In Sanskrit, the title Avalokitesvara means, 'the Lord who hears and sees all the suffering on Earth'.

១៧. ការធ្វើទារុនកម្ម

ពេលដំនាលគ្នានោះពួកទាហ៊ានបានមក ហើយពួក គេបានយុំយ៉ាងខ្លួនប្រាណនៃព្រះគស្ូ ។ ពួកគេយកទ្រង់ នៅ ទីលានកាត់ក្ដី ហើយចោទប្រកាន់ទ្រង់នូវពាក្យមិន ពិតជាច្រើន។ ព្រះគស្ូបានដឹងថា ខ្លួនប្រាណកំពង់តែនាំ នៅ សំលាប់ ទ្រង់បានដឹងពីកំនិតរបស់មេដឹកនាំសាសនា ទាំងនោះ ពួកគេគ្មានគ្នាផ្លូវក្ដុងការហាមយាត់ទ្រង់បាន ឡើយ។ ទ្រង់បានប្រាប់ទៅអ្នកជើងជាក់លើទ្រង់ថា កុំបារម្ម ណ៍" ពួកគេគ្រាន់សំលាប់តែខ្លួនប្រាណរបស់ទ្រង់ តែ ប៉ុណ្ណោះ៖ ប៉ុន្តែបើថ្ងៃបន្ទាប់ ខ្ញុំនឹងក្រឡប់មកវិញ ហើយនឹង និយាយជាមួយអ្នកទាំងអស់គ្នាសូមកុំភ័យខ្លាចអ្វី " ។

ហើយទ្រង់បានធ្វើ ! ពួកគេបានពិយាកខ្លួនប្រាណ របស់ព្រះគស្ូ ដោយធ្វើទារុន្តកម្មគួរអោយអាស្ូពាន់ពេក រហ្ូត ទ្រង់សង្ដត់ ។ បន្ទាប់ពីបីថ្ងៃក្រោយ ព្រះគស្ូបានផុស ចេញជាមាត៌ាជីវិតពេលពេញពិភពលោក។ ទ្រង់បានប្រាប់

ពួកគេ " ខ្ញុំកុំពង់តែដើរនៅរកផ្ទូវមួយដើម្បីហ្ីក ហាត់ពួកទេវតា និង ពួកអប្បរាជាអ្នកជួយបន្ថែមទៀត " ។ ខ្ញុំក្រឡប់ទៅមានស្ូខារ៉ាទីកល្ូរនេះ៖ ប៉ុន្តែខ្ញុំនឹងក្រឡប់ មកវិញនៅចន្លោះសែសិបឆ្នាំក្រោយ ឆ្នាំនៅលើផែនដ៏

វាយុរ គេជាឆ្នាំដែលខ្ញ៉ីបំផុតនៅមានស្ូខារ៉ាទី ។ ការ ក្រឡប់មកវិញរបស់ខ្ញុំបន្ទាប់ពីការវិនាស នៃសាសនាយ៉ូដា (ផ្ទា) នៅលើលោក ។ ប្រាកដណាស់មនុស្សលោកនឹងកំទេច ហើយវិហាររបស់ពួកគេនឹងឌុតអោយក្លាយជាជេះ។ រង់

ចាំខ្ញុំនៅលើភ្នំហិម៉ាឡៃ កិច្ចការរបស់ខ្ញុំទើបតែចាប់ ផ្ដើមប៉ុណ្ណោះ ។

ប្រជាជនបានសួរ " ខ្ញុំព្រះអង្គ តើពួកយើងដឹងយ៉ាង ម៉េចទៅថា ទ្រង់នឹងគ្រឡប់មកនៅវិញជារូបរាងវិញ្ញាណ

ប្រកបដោយភាពវុងរឿង តើទ្រង់នឹងមានរូបរាង ខុសពីមុនមែនទេ ? "ព្រះកស្សបាននិយាយថា"ជាកូដកម្ម

លៀនដូចផ្លេកបន្ទោរនៅភាគខាងលិច តែពន្លីនៃ ភាពវុងរឿងនឹងចែងចាំងពីភាគខាងកើត" ។ នោះ គឺជា អ្វី ដែលនឹងកើតឡើង អ្នកនឹងដឹងថាខ្ញុំគ្រឡប់មកវិញនៅ ពេលអ្នកគ្រៀមសំរាប់វារួចជាស្រេច ។ ដំបូងកើតនៅ ភាគ ខាងលិច បន្ទាប់មកភាគខាងកើត" ។

CRUCIFIXION OF THE LORD

In the meantime, soldiers had come and they arrested the human body of Iesous. They took him to court and accused him of many false charges. Iesous knew that his body was going to be killed. He knew the leaders thought they had no other way to stop him. He told his followers not to worry. "They will kill my human body. But in three days, I will return and speak to all of you. Have no fear."

And he did! They killed Iesous' body by crucifixion, a terrible way to die. After three days, Iesous appeared to Wayists all over the world. He told them, "I am going away to train more devata and apsara helpers. I will return to Sukhavati for now, but I will be back within 40 Earth-years, a very short time in Sukhavati. My return will be after the destruction of the Jewish world. Yes, this people's world will be destroyed and their Temple will be burned to the ground. Wait for me in the Himalaya Mountains. My work has only begun."

The people asked, "Lord, but how will we know you when you come in glorious spiritual form, you will look different?" Iesous said, "As lightning strikes in the East, its light is seen also in the west. That is how it will be. You will know that I came when you are ready for it. First in the east, then in the west."

១៨. ការរងចាំព្រះជាម្ចាស់ត្រឡប់មកវិញ

ជាច្រើនឆ្នាំបន្ទរបន្ទាប់ នៅពេលដែលពួកគេបាន
រងចាំការត្រឡប់មកវិញរបស់ព្រះអង្គ ។ សាស្ត្រាចារ្យមាគ៌ា
ជីវិតជាច្រើន បានលាតត្រដាងពេលពេញពិភពលោក
ប្រជាជនដែលជឿជាក់លើព្រះអង្គភាគខាងលិច ជាច្រើន
បានសំរេចចិត្តផ្លាស់ចេញពីស្រុកយូដា (ជ្វា) និងអ៊ីស្រាអែល
ពីព្រោះព្រះអង្គបាននិយាយថា វានឹងមានភាព មហន្តរាយ
ដោយភាពល្ងង់ខ្លៅរបស់ពួកគេ ។ ប្រជាជនរាប់ពាន់សំរេច
ចិត្តចាក់ចេញទៅនៅការស្ងៀ ពីព្រោះថា គឺជាកន្លែងដែល
ពួកគេជឿជាក់ពេលព្រះគស្ត្រឡប់មកវិញជាដំបូង ។ គ្រូ
ម្ចាស់គឺជាសាស្ត្រាចារ្យមាគ៌ាជីវិតដ៏ល្អ ម្នាក់មកពីដ៏រូសីទ្បីម
គាត់បាននៅការស្ងៀដើម្បីរៀបចំកន្លែងសំរាប់មនុស្សរបស់
គាត់ ដូច្នេះពួកគេនឹងទទួលបាន កន្លែងល្អៗនៅលើភ្នំ។
ម៉ារីបាននៅប្រទេសអេហ្ស៊ីប ហើយធើការជាច្រើនឆ្នាំនៅ
ភាគខាងជើងអាប្រ៊ីកជាមួយ ស្រីៗ និងកុមារអាក់ស៊ុម។

 គ្រាន់តែជាការកំនែទំរង់បានចាប់ផ្ដើមនៅក្នុងព្រះ
ពុទ្ធសាសនា និងហិណ្ឌូសាសនា នៅក្នុងសាសនាយូដា (ជ្វា)
ក៏មានការកំនែទំរង់ចាប់ផ្ដើមដែរ ។ វាចាប់ផ្ដើមដោយជន
ជាតិយូដា (ជ្វា) ម្នាក់ឈ្មោះផុល គាត់ហៅសាសនាយូដា
(ជ្វា) ថ្មីថា គ្រីស្ទសាសនា ពីព្រោះពួកគេជឿថា អរលោកគេ
ស៊ូរ គឺជាព្រះយេស៊ូ ព្រះអង្គសង្គ្រោះដែលត្រូវបាន ព្យាករណ៍
ដោយចែងទុកក្នុងគម្ពីរបរិសុទ្ធរបស់ពួកគេ ។ យ៉ាងណាក៏
ដោយ មិនយ៉ូប៉ុន្មានផងលបានស្ដាប់ទៅ វង្សភី បាលរបស់រ៉ូម
មុ១០៦ង បានយកគ្រីស្ទសាសនា ។ ដោយរវង្ស

កំបាលធ្វើបែបបនឹង ពួកគេក៏បានបង្ហូរសាសនាដើម្បី
គោល នយោបាយរបស់ពួកគេ ។ ពួកគេបានយកគ្រឹស្ត
សាសនាជាសាសនារបស់រដ្ឋ ហៅថាវិហារវៀមមា០០០ំងកាត
លិក សត្តសិទ្ធិ។ ពួកគេដាក់ក្នុងការបង្រៀនចម្បែកៗជា

ច្រើន និងវិធីបង្រៀននៃការពិត ពួកគេបានកាត់ចោល
យ៉ាង ច្រើន ។ ពួកគេមិនបានបង្រៀនពីការចាប់ជាតិជា
ថ្មី និង ពីកម្មការទៀយ ពីព្រោះពួកគេចង់អោយមនុស្ស
គិតថា ពួកគេគ្មានកម្មពារក្នុងការគ្រប់គ្រងលើព្រលឹង
របស់មនុស្សលោក ។ ទោះយ៉ាងណា ប្រជាជននៃភាគលិច
បាន រងចាំពីរាន់ឆ្នាំដើម្បីមើលពន្លឺពិតដ៏ត្រចះត្រចង់ពី
ទិសខាងកើត ។

ដូចព្រះគស្ចបានព្យាករណ៍សាសនាយូដា (ជ្វា) ទី
បំផុតគ្រូវិនាសម្ចែន ។ នៅគ្រិះសរាជ ៧០ យោធាចម្បាំង
របស់រ៉ូម៉ាំ០ងបានចូលរាលគ្បាតលុកលុយស្រុកយូដា (ជ្វា)
ដើម្បីវ៉ាយប៉ះបោរប្រឆាំងនៅជឺរ៉ូស៊ីឡ្ទឹម ។ វាគឺជា ការកាប់
សំលាប់រង្គាលគួអោយខ្លាច អាគក់ជាងយោធាចាស់ៗដែល
បានឃើញពីមុនៗនៅទៅ]ក ។ វិហារនៅ

ជឺរ៉ូស៊ីឡ្ទឹមគ្រូបានដុតកំទេចក្ខាយជាផេះ ទីក្រុង
ទាំងមូលបានបំផ្ចាញហិនហោច និងជេះខ្ចិចខ្ចី ។ សព្
ប្រជាជន រាប់ពាន់បានស្ចាប់គរនៅលើជ្ឈ័រ រាប់លានបាន
ស្ចាប់ ការមិនអត់ឱិន និង មានការគ្រអ៊ីតគ្រទមរបស់
ពួកគេបាន នាំពិភពលោករបស់គេអោយក្ចាយទៅជាហិន
ហោចខ្ចិចខ្ចី។

WAITING FOR THE LORD TO
RETURN

In the years following, while they waited for the Lord's return. Wayist

teachers spread out all over the world. Many western followers decided to move

away from Judea and Israel because the Lord said it will be destroyed because of their stupidity. Thousands decided to move to Kashmir because that was where they believed Iesous would first return. Thomas was a good Wayist teacher from Jerusalem; he went to Kashmir to prepare a place for his people so they will be well received by the locals of the mountains. Mari went to Egypt and worked for many years in North Africa among women and children of Aksum.

Just as reformations started in Buddhism and Hinduism, also in the Jewish religion a reformation started. It was started by a Jew called Paul. He called the new Jewish religion Christianity, because they believed that Avalokitesvara is the Christ, the Saviour that was predicted by their Holy Scriptures. However, not long after Paul's death, the Roman Government took over the Christian religion. As governments do, they changed the religion to suit their political purposes. They made of it the state religion, calling it the Holy Roman Catholic Church. They put in many strange teachings and denied many of the true teachings of the Way. They got rid of the teachings of reincarnation and karma because they wanted people to think that they, not karma, has control over people's souls. However, the people of the west would have to wait only two thousand years to see the true light shining from the east.

As Iesous predicted, the Jewish world did finally crumble. In the year 70AD, the Roman military invaded Judea to fight the rebels in Jerusalem. It was a terrible bloodbath, worse than any of the old soldiers had ever seen. The Temple in Jerusalem was burned to the ground, the entire city was in ruins and on fire. Thousands upon thousands of people lay dead in the streets. Millions died. Their intolerance and arrogance had brought their world to ruin.

១៩. ការគ្រទ្បប់មករវិញនៃព្រះជាម្ចាស់

មិនយូរប៉ុន្មានបន្ទាប់ពីគ្រិះសករាជ ៧០ ដូចព្រះយេសូ បាននិយាយ វានឹងកើតឡើង ស្ដេចនៃការស្ញៀ និង គាសុទី ឡ្លា ទទួលខុសត្រូវនៃការប្រជុំទូទាំងសាកលនៃពុទ្ធសាសនា ដ៏រវៃចំណាស់នៅលើភ្នំហិម៉ាឡ្យេ ។ គេហៅថា ការប្រជុំ ពុទ្ធ សាសនានទាំងសាកលលោក ។ កិច្ចប្រជុំបានពិភាក្សាការ ផ្លាស់ប្ដូរទិកន្លែងជាច្រើននៅក្នុងពុទ្ធសាសនា ពីព្រោះតែ ការស្នាក់ជំនាញនៃព្រះអវលោកេកេសូរ ។

នៅក្នុងកិច្ចការប្រជុំនេះ ការស្ងុត្រថ្មីមួយត្រូវបាន បង្ហាញ ។ ព្រះពុទ្ធសាសនារវៃយចំណាស់ ជាច្រើនមកពីគ្រប់ ទិស ទីនៅលើពិភពលោកបានធ្វើការបោះឆ្នោតបាន រឺ មិនបាន ការស្ងុត្រថ្មី និងភាពជិតស្និតរបស់វាចំពោះការ បង្រៀនថ្មីសំរាប់ព្រះពុទ្ធសាសនាពួកគេនឹងព្រមទទួលយក ។

សៀវភៅថ្មីបានដាក់ឈ្មោះថា ព្រះស្ងុត្រផ្កាឈូកសរ ។ នៅក្នុងសៀវភៅ គឺជាប្រវត្តិរឿងនៃទីប្រជុំបានសូត់នៅ ក្នុងបានសួខារវៃទីដែលជាកន្លែងព្រះរបស់ពួកយើងស្ដេច ព្រះបិតានៃសួខារវៃទីបាននិយាយទៅកាន់ព្រះពុទ្ធអង្គ

ទាំងអស់ និងណែនាំថា អវលោកេកេសូរ ជាបុត្រា របស់ព្រះអង្គ ជាពោធិសត្ដ៍មានមហិទ្ធិរិទ្ធជានិរន្ដ៍ ។ ប្រវត្ត ន៍ រឿងបានដំណើរថា តើអ្នកជួយជីវិតសត្ដលោកយ៉ាងដូច ម្ដេច តើព្រះអង្គលោកេសូរបោះជំហានព្រះពុទ្ធក្នុងវ័យ របស់ទ្រង់ពីការរស់នៅបានសួខារវៃទីមករស់នៅភិពជែនដី រាប់ពាន់ឆ្នាំយ៉ាងដូចម្ដេច ។ ភាពករុណាមេត្តាធម៌ដ៏ អស្ចា ចារ្យចំពោះមនុស្សលោកដែលទ្រង់បានដាក់ខ្លួនសមញ្ញជា ពោធិសត្ដម្នាក់ និង សច្ចាថានឹងគ្រទ្បប់មករវិញ ជាព្រះពុទ្ធ

នៅពេលដែលទ្រង់បំពេញកិច្ចការរបស់ទ្រង់នៅភពផែនដី
។

នៅក្នុងព្រះសូត្រផ្កាឈូក ព្រះបិតាជាម្ចាស់របស់យើង
បាននិយាយថា នៅក្នុងចំណោមមហិទ្ធិឬទ្ធិជាច្រើនរបស់
អវលោកេស្វរទ្រង់ និងបង្ហាញខ្លួនដល់មនុស្សលោកជងដែរ
នៅក្នុងឋានភាពជា រូបរាងគ្រប់បែបបយ៉ាងដែល

និងប្រសើរសំរាប់មនុស្សនៅពេលនោះ៖ ទោះជាយ៉ាង
ណា ទ្រង់បង្ហាញជានណារម្តាក់នៃព្រះពុទ្ធ វិព្រះរបស់ ហិណ្ឌូ វិ
ជាបុរសម្តាក់ វិ ស្ត្រីម្តាក់ វិមួយជា ក្មេងម្តាក់ វិ ក៏សត្វមួយ
។ ទ្រង់អាចមានរូបរាងនៅរាប់ពាន់កន្លែង នៅពេលតែ
មួយក៏បាន ហើយទ្រង់បង្ហាញខ្លួនរាប់ពាននំពោះមនុស្ស
ទាំងអស់នៅពេលតែមួយក៏បាន ។ ព្រះអង្គ ម្ចាស់អាម៉ិតា
ហាបាននិយាយថា គ្រប់ៗគ្នា ស្ត្រីបុរស វិ ក៏ក្មេងៗដែល
បានបូជាជីវិតដើម្បីសេចក្តីស្រលាញ់ និង ការបង្រៀនអំពី
អវលោកេស្វរ អាចចាប់ជាតិជាវិញ្ញាណនៅក្នុងឋានសួខារ៉ា
ទី សូម្បីតែនៅជាតិនេះក៏ដោយ ។

ឆាប់ៗ ការប្រជុំព្រះពុទ្ធសាសនានូទទាំងពិភពលោក
ប្រកាសព្រះសូត្រផ្កាឈូក ជាអន្ទិភាពពិតពេលនោះអ្វីៗ ផ្សេ
ងៗទៀតដែល អវលោកេស្វរ បាននិយាយក្លាយជាការពិ
ត ។ ដូចជា ទ្រង់បានមានប្រសាសន៍ថា សិស្ស មាគ៌ាជីវិត
ទាំងអស់នៃទ្រង់ ដែលពេលនេះនៅជាខ្លួនមនុស្សនៅឡើយ
គឺបានបំភ្លឺពីទ្រង់ពាសពេញទីកន្លែង ទាំងអស់ ។ ពួកគេ
ចោះបង់ខ្លួនប្រាណជាមនុស្សរបស់ពួកគេ ហើយព្រលឹង
របស់ពួកគេគឺបានចាប់កំណើតជា វិញ្ញាណភ្លាមៗ ។ ពួកគេ
ត្រូវបានយកទៅហានសួខារ៉ាទីដែលជាកន្លែងពួកគេបង្ហាញ
ខ្លួនមុននិងទៅទីប្រជុំនៅហាន សួគ៌ ជាកន្លែងដែល
អវលោកេស្វរ រងចាំពួកគេ ។ ទ្រង់បានរងចាំជាស្រេចដើម្បី
ចះនៅផែនដីជាមួយ ទេវតា ប្រស ស្រី រាប់ពាន់ជាជំនួយ
ដើម្បីចាប់ផ្ដើមសករាជថ្មីនៅលើផែនដី។

Figure 1 Lord Amitabha pictured in an ancient Sanskrit copy of the Lotus Sutra, where the incoming of Lord Avalokiteshvara was announced in 78AD

RETURN OF THE LORD

Shortly after 70AD, as Iesous said it would happen, the Kings of Kashmir and Taxila in the Himalaya Mountains sponsored a world council of Buddhist elders. It was called the 2nd 4th Worldwide Buddhist Council. The council discussed the many new changes taking place in Buddhism because of the influence of Avalokitesvara.

At this Council, a new Sutra was revealed. Buddhist elders from all over the world had to vote on whether or not they will accept the new Sutra and its radical new teaching for Buddhism.

The new book was called the White Lotus Sutra. In the book was the story of the heavenly Council in Sukhavati where our God, Father King of Sukhavati speaks to all Buddhas and introduces Avalokitesvara as his son, as the most powerful of Bodhisattva ever. The story goes how this Saviour of the World, Lokesvara stepped down from his Buddhahood in Sukhavati to live on the Earth level for many thousands of years. His compassion for humans is so great that he took the humble position of a Bodhisattva and vowed to return to Buddhahood only when he had accomplished his task on Earth.

In the Lotus Sutra, the Lord our Father said that among the many powers of Avalokitesvara, he would also appear to humans in any form that would be best for the person at that time—whether it be as any one of the Buddhas or Hindu Gods, or as a man, a woman, a child or an animal. Also, he can be at thousands of places at the same time, appearing to thousands of people all the same time. The Lord Amitabha said that anyone, woman, man, or child who devotes his life to the love and teaching of Avalokitesvara can be reborn as a spiritual being in Sukhavati, even in this life.

Soon, the Buddhist worldwide council declared the Lotus Sutra as divine truth. That was when another thing that Avalokitesvara told came true. As he had said, those Wayists students of his who were still in human bodies at the time, were made fully enlightened. They left their human bodies, and their souls were immediately reborn as new spiritual beings. They were taken up into Sukhavati where they appeared before the Heavenly Council, where Avalokitesvara awaited them. He waited, almost ready to go down to Earth with thousands of deva and devata helpers to start the new era on Earth.

២០. ម៉ារីក្លាយជាពោធិសត្តតារា

នៅពេលម៉ារីទៅដល់ហានស្វខាវ៉ាទី នៅពេលដែល
នាងបានឃើញព្រះជាម្ចាស់នៃសេចក្ដីស្រលាញ់ ជាក់ជីវិត
របស់នាងនៅជារូបរាងនៃភាពរុងរឿងដ៏អស្ចារ្យរបស់
នាងកំពង់តែនៅពីមុខនៃការប្រជុំ នាងគឺរំជួលចិត្តយ៉ាង
ខ្លាំង ។ នាង គឺជាវិញ្ញាណដ៏តូចមួយបើប្រៀបផ្ទៀបនឹង
ភាពធំមហិមា និងភាពរុងរឿងនៃរូបរាងវិញ្ញាណរបស់ ទ្រង់
។

បន្ទាប់ពីការកិច្ចខ្លះៗនៅហានស្វគ៌ ព្រះអង្គម្ចាស់
បានហៅនាង ហើយអ្នកមួយចំនួនទៅ្រកនៅខាងមុខ ។
ម៉ារីបានមើលជុំវិញបានឃើញ តូម៉ាស និង កីតធី និង
មិត្តភក្ត្ររបស់នាងជាច្រើនទៅ្រកនៅក្នុងក្រុមតូចមួយទៅ
ខាងមុខ ។ ព្រះអង្គម្ចាស់បានប្រកាសនៅក្នុងទីប្រជុំថា
អ្នកដែលបានហៅមកឈរខាងមុខនឹងក្លាយជាព្រះពោធិ
សត្តជាមួយមហិទ្ធិឫទ្ធិពិសេសដើម្បីជួយដល់ អវលោកេតេស្វរ
នៅក្នុងកិច្ចការរបស់ទ្រង់នៅហានកណ្ដាល ។ ព្រះអង្គបាន
ប្រាប់ទៅក្រុមថា អោយពួកគេគិត និង រកឈ្មោះមហិទ្ធិឫទ្ធិ
ពោធិសត្តដែលពួកគេចង់បានជួយ មនុស្សលោកក្នុង
ការងាររបស់ពួកគេ ។

ខ្លះនិយាយថា ពួកគេចង់បានមហិទ្ធិឫទ្ធិដើម្បីនិយាយ
ជាមួយចិត្តរបស់មនុស្សលោក អ្នកដ៏ទៃទៅ្រកចង់បាន
មហិទ្ធិឫទ្ធិដើម្បីដឹងពីការគិតរបស់មនុស្សលោក អ្នក
ខ្លះទៅ្រកសុំមហិទ្ធិឫទ្ធិដើម្បីបង្រៀន និង ខ្លះទៅ្រកសុំ មហិទ្ធិឫ
ទ្ធិដើម្បីនាំនៅបង្កាក់ជីវិតអ្នកដែលមានគំណិតយោយយោ
កាចសាហាវ ។

ទីបំផុតព្រះជាម្ចាស់មករកម៉ារី ជាម៉ាហ្គាតាឡេឡេណេ សិស្សជាទីស្រឡាញ់របស់ទ្រង់ ។ នាងមានអារម្មណ៍ភ័យ បន្តិចបន្តួចក្នុងការសុំមហិន្ធិរិទ្ធិពិសេសរបស់នាង ។ ព្រះជា ម្ចាស់ដែលស្រឡាញ់នាងច្រើនជាងនណាៗទាំងអស់ គឺមាន ការកើងចិត្តជាមួយនាង ហើយនិយាយថា " កូន និយាយពី អ្វីដែលកូនចង់បានមក !" ។

ម៉ារីបាននិយាយតិចៗថា " ខ្ញុំព្រះជាម្ចាស់របស់ខ្ញុំ ខ្ញុំ ចង់បានមហិន្ធិរិទ្ធិដែលខ្លាំងបំផុតនៅលើលោក ដូចអ្វីដែល ជារឿយៗទ្រង់បានបង្រៀនខ្ញុំ ម្ចាស់ " ។ ខ្ញុំចង់បានមហិន្ធិរិ ទ្ធិនោះដែលអាចប្ដូរសង្គម មហិន្ធិរិទ្ធិនោះអាចប្ដូរចិត្ត មនុស្ស មហិន្ធិរិទ្ធិនោះអាចធ្វើអោយបុរសល្អៗមានកាន់តែ ច្រើនឡើង ហើយបុរសដែលអាក្រក់កាន់តែកិចទៅៗ មហិ ន្ធិរិទ្ធិនោះដែលអាចធ្វើអោយមានសោភ័ណភាព សេចក្ដី គោរព និង ភាពស្រុះស្រួលគ្នា ហើយមហិន្ធិរិទ្ធិនោះ អាចធ្វើ អោយអារម្មណ៍មិននៅវេវារ និង ចេះអត់ធ្មត់ ។

ព្រះពុទ្ធជាន់ខ្ពស់ជាច្រើននៅក្នុងអង្គប្រជុំបាន អង្គុយចុះ ហើយបានកត់ទុកចំណាំ ។ មានម្នាក់បាន និយាយ កាត់នាងថា " កូន តើមហិន្ធិរិទ្ធិអ្វីខ្លះដែលអាច បំពេញបានច្រើនយ៉ាងនេះ ?" ម៉ារីបានឆ្លើយតប " ខ្ញុំព្រះ ជាម្ចាស់របស់ខ្ញុំ មហិន្ធិរិទ្ធិនៃស្ត្រី គឺអ្វីដែលខ្ញុំម្ចាស់ចង់បាន គឺជាពោធិសត្តម្ចាស់ " ខ្ញុំចង់ក្លាយជាស្ត្រីព្រោះពោធិសត្ត វាគឺ ជាអ្វីដែលព្រះអង្គ អវលោកេស្ងួរ បានបង្រៀនខ្ញុំម្ចាស់ " សមាជិកនៃអង្គប្រជុំបានមើលទៅព្រះអង្គ អវលោកេស្ងួរ បានឆ្ងល់ហេតុអ្វីបានទ្រង់ធ្វើសំណើរចំម្លែកៗ ។ នៅពេល នោះអវលោកេស្ងួរមានមោទនភាព ចំពោះម៉ារីខ្លាំងណាស់ ចំពោះសេចក្ដីក្លាហានរបស់នាង និង អំណាចស្មោះត្រង់ជា ច្រើនរបស់នាង ។ ព្រះលោកេស្ងួរ បានមើលទៅព្រះបិតាអា ម៉ីតាបហា ស្ដេចព្រះបិតាបានងក់ក្បាលយល់ព្រម ។ ខណៈ នោះ ព្រះលោកេស្ងួរបាននិយាយទៅម៉ារី " ដូច្នេះវាបានដូច បំណងនាងនឹងក្រាស់ដឹងជាពោធិសត្តតការ នាងជាស្ត្រី

ម្នាក់ នឹងមានមហិទ្ធិវិទ្ធិប្រសើរលើសលប់ នាងនឹងបង្ហាញ
ខ្លួនរាប់ពាន់នៅពេលតែមួយ ហើយនាងនឹងនាំមកនូវរឿ្វ៉ង
ដូចជា ការសុខៈស្រួល ការប្រោសប្រណី ការករុណាមេត្តាធម៌
ការស្រលាញ់ សោភ័ណភាព ការងប់ងុល ការក្រេកអរ
ដើម្បីជួយ និង រក្សាព្រាលីងទាំងអស់របស់មនុស្សលោក" ។

MOST BEAUTIFUL BODHISATTVA

When Mari arrived in Sukhavati, when she saw the Lord, the love of her life in his amazing glorious form standing in front of the Council, she was very, very emotional. She was a small spiritual being compared to his immense and glorious spiritual form.

After some other heavenly business, the Lord called her and a few others to the front. Mari looked around and saw Thomas and Peter and many of her friends in the small group going to the front. The Lord announced to the Council that the ones called to the front will be transformed into Bodhisattvas with special powers to help Avalokitesvara in his task on Earth. The Lord told the group to think, and to name the Bodhisattva powers they want to help them in their jobs.

Some said they wanted the power to speak to human hearts, others received the power to know what humans think, others asked powers to teach, and some asked powers to disrupt the lives of evil souls.

Finally, the Lord came to Mari the Magadhalene, his beloved disciple. She was a little scared to ask for her special power. The Lord, who loved her more than anyone, was strict with her and said, "Child, say what you want!"

The members of the Holy Council looked at Avalokitesvara, wondering what he will do with the strange request. Avalokitesvara was so proud of Mari at that very moment, for her courage and her faith empowered many. Lokesvara looked over to Father Amitabha. The Father King nodded. Then Lokesvara said to Mari, "So be it. You will be known as Bodhisattva Tara, you will have all the magnificent powers of a woman, you will appear to thousands at the same time and you will bring healing, mercy, compassion, love, beauty, passion and pleasing things to help and save human souls."

CHAPTER 21

២១. អ្នកជួយសង្គ្រោះភពផែនដី

នៅពេលអ្វីៗរួចរាល់អស់ហើយ ព្រះជាម្ចាស់ អរលោកេស្វរអ្នកជួយសង្គ្រោះហានកណ្ដាល បានចាត់ចែង ពីហាន សូខាវ៉ាទីមកដល់ហានកណ្ដាល ។ ទ្រង់ គឺមកតាម ទេប្បូរ ទេវតា អប្សរា និង ពោធិសត្ត វាប់ពាន់អង្គ ហើយ ពួក ទ្រង់នៅជាមួយពួកយើងរហូតដល់កន្ល្យេរ ។ គ្រប់ទី កន្លែងដែលពួកយើងនៅ គ្រប់ទីកន្លែងដែលយើងមើល យើញ

និងមើលមិនយើញ និងមានអារម្មណ៍ថា មាន គ្គមានទ្រង់នៅជាមួយជានិច្ច ។

ភ្លាមៗ បន្ទាប់ពីនោះមកការត្រាស់ដឹងថ្មីនៃទ្រង់ និង ការបង្រៀនរបស់ទ្រង់បានលាតត្រដាងដល់ប្រជាជាតិ ទូទាំង សកលលោក ។ វាប់លាននៃប្រជាជនបានស្គាល់ព្រះ អង្គ ប្រជាតិនិមួយៗមានមាគ៌ារបស់ពួកគេក្នុងការនិយាយ នូវ ឈ្មោះរបស់ព្រះអង្គៈ ជនជាតិចិនបកប្រែឈ្មោះរបស់ព្រះ អង្គថា យ៉ាន់ជីន ហើយពួកគេចូលចិត្តបង្ហាញព្រះ អង្គរូប វាងជាស្ត្រីរបស់ទ្រង់ ។ ផ្សេងៗទៀតនិយាយថា ក្នាមអ៉ា នៅ ទីបែពួកគេនិយាយថា ចិនវ៉ិល្បឺង ភាកខាង លិចជាច្រើន និយាយថា គ្រិះ និងក្រៅពីនេះទៀតនិយាយថា លោកេស្វរ រី លោកេកេស្វរ ។

នៅលើពិភពលោក ពួកស្ដេចក្រោកឡើង ហើយស្មា នាចក្រភពសន្តិភាពដ៏អស្ចារ្យ ពីព្រោះពួកគេជ្រើសរើស ព្រះអង្គ ។ ពួកស្ដេចទាំងនោះលប់បំបាត់ការពុករលួយ និង យកចិត្តទុកដាក់ប្រជាជនរបស់ពួកគេទាំងអស់ មើលថែធម្មជាតិ និង ព្រលឹងនៃពួកជីដូនជីតា និង ពួក សត្តទាំងអស់ ។

SAVIOUR OF THE WORLD

When all things were ready, Lord Avalokitesvara, the Saviour of the World proceeded from Sukhavati to Earth. He was followed by thousands of angels, devata, apsara and bodhisattvas—and they are still with us today. Wherever we are, wherever we look we will be able to see and feel the presence of the Lord.

Soon after that, the new awareness of the Lord and his teaching spread to all nations of the world. Millions upon millions of people came to know the Lord. Each nation had their own way of saying the name of the Lord. I the original Sanskrit language, the Lord's name is written अवलोकितेश्वर. The Chinese translate the name of the Lord as QuanJin, and they like to show the Lord in his female form. Others say KwamAm, in Tibet they say Chenrezig, many westerners say Christ, and other again say Lokesvara or Lokitesvara from the Sanskrit words *lokita* and *ishvara*.

All over the world, great kings rose up and built great and peaceful empires because they embraced the Lord. Those kings wiped out corruption and took care of all their people, nature, and the souls of ancestors and animals.

CHAPTER 22

២២. ព្រះអង្គលោកេស្វរនៅប្រទេសកម្ពុ ជា

ស្ដេចដ៏អស្ចារ្យម្នាក់ គឺស្ដេចជយវរ្ម័នទី៧ព្រាំពី ដែលជាអ្នកកសាងចក្រភពអង្គរនៃប្រទេសកម្ពុជាជាង ៨០០របួឆ្នាំមកហើយ ។

ស្ដេចជយវរ្ម័នទី៧ព្រាំពីមិនមែនត្រឹមតែបានក សាងទីក្រុងប្រាសាទដ៏ធំអស្ចារ្យរបស់ផែនដីប៉ុណ្ណោះទេ ទ្រង់ បានកសាងមន្ទីរពេទ្យ និង សាលាសំរាប់ប្រជាជន របស់ទ្រង់ទាំងអស់ផងដែរ ។ តាមពិតទ្រង់ គឺជាអ្នកជឿ ស៊ុប ដល្លម្នាក់របស់ព្រះលោកេស្វរ ស្ដេចដែលអស្ចារ្យម្នាក់ នោះ គឺត្រូវចងចាំដាក់ក្នុងចិត្តជារៀងរហូត ។ រដ្ឋាភិ បាល របស់ទ្រង់ពិតណាស់ដែលបានខ្វល់ខ្វាយពីប្រជាពលរដ្ឋ ពួក គេបានបំបាត់ភាពក្រីក្រ និង ដាក់ទារុណកម្ម លើអំពើពុក ល្អួយ ។ ពួកគេបានដាក់របបំលាក់ព្រះលោកេស្វរនៅគ្រប់ មន្ទីរពេទ្យ និង កសាងកន្លែងបន់ស្រន់ រាប់រយដើម្បីជួយ ដល់ប្រជាជនក្នុងការខទ្ធិសដល់ព្រះគ្រប់ទីកន្លែងដែលពួក គេចង់ធ្វើ ។ ទឹកដីទទួលបានភាព ថ្មីថ្មើង និង មានឫទ្ធិ ពលដ៏ធំមហិមា ពីព្រោះតែសេចក្ដីគោរព ភាពស្ងប់ស្ងួល និងភាពមានករុណាមេត្តាធម៌នៅ ក្នុងចិត្តរបស់ស្ដេច ហើយសាបព្រោះដល់ប្រជាជន ។ នៅពេលនោះគ្មាននណាការ ម្នាក់យកឈ្នះប្រជាជនខ្មែរបាន ឡើយ ពីព្រោះពួកគេ ប្រតិបត្តិតាមព្រះអង្គជារៀយ។ ។ ប្រជាជនខ្មែរ គឺជាអ្នក ដែលទ្រង់ស្រលាញ់ ប៉ុន្តែដែលជា អ្នកនៅជាប់នឹងទ្រង់ជា និច្ច ។

ស្ដេចជ័យយះវរ្ម័នទី៧ប្រាពីបានពង្រើចទីក្រុងប្រាសាទ សក្តិសិទ្ធិដ៏ផំសម្បើមហៅថា "សូខាវទីនៅហានកណ្ដាល"

ដែលឈរបានដល់សព្វថ្ងៃ ដែលជាមនុស្សដ៏អស្ចារ្យ
ម្នាក់ដែលសំរេចបានកិច្ចការគ្រប់ពេលវេលាទាំងអស់ ។ ថ្ងៃ
នេះប្រជាជនភាគខាងលិចហៅទីក្រុងនេះដោយឈ្មោះនៃ
ប្រាសាទសំខាន់មួយនៅក្នុងចំណោមប្រាសាទជាច្រើន
ខ្នាតខ្មែងថា **អង្គរវត្ត** ។

ពេលវេលារាប់រយឆ្នាំបន្ទាប់ពីស្ដេចជ័យយះវរ្មនទី៧ប្រា
ព៌ ព្រះពុទ្ធសាសនាខ្លះដែលមិនចង់បានការបង្រៀនពី
អំណាចនៃព្រះលោកេស្វរ ពួកគេបានប្រឆាំងប្រជាជាតិ
និង រដ្ឋ ដើម្បីផ្លាស់ប្ដូររូបចំលាក់ និង រូបបដិមារបស់ ព្រះ
លោកេស្វររចេញពីប្រាសាទ ។ ពួកគេព្យាយាមកែប្រវត្តិសាស្ត្រ
នៃប្រជាជនខ្មែរ ព្យាយាមផ្លាស់ប្ដូរមុខមាត់

ទាំងអស់ ។ ទោះជាយ៉ាងណា ថ្ងៃនេះពួកយើងមាន
ជោគវាសនា ដែលវិញ្ញាណដ៏ស្រស់សោភា គឺស្ថិតនៅក្នុងដួង
ចិត្តប្រជាជនខ្មែរទាំងអស់ដល់សព្វថ្ងៃនេះ ។ គ្មានសាសនា
និង ច្បាប់នយោបាយណាអាចផ្លាស់ប្ដូរអ្វីៗពីពួក យើង
បានឡើយ ។ រូបភាពនៃលោកេស្វរ គឺបានចារឹកនៅក្នុង
ដួងចិត្តកូនខ្មែរនៅក្នុងកន្លែងមួយដែលគ្មានអ្នក
គ្រប់គ្រងយោយយៅណាអាចលួច វ៉ កាត់ចេញបានឡើយ ។

ប្រាសាទពិសេសមួយនៅក្នុង "សូខារ៉ាទីហានកណ្ដាល"
ប្រាសាទខ្នាតខ្មែងនេះគឺជាកន្លែងដែលអស្ចារ្យសំរាប់
ការបន់ស្រន់ និង វិញ្ញាណខ័ណ្ឌស្ងប់ស្ងាត់ផ្លាល់ខ្លួនរបស់ស្តេ
ច ។ ដែលសព្វថ្ងៃបានដឹងថា ជាប្រាសាទបាយ័ន ។ នៅ
ប្រាសាទបាយ័ន អ្នកទស្សនាជាច្រើនអាចនៅមើលឃើញថា
តើអ្នកកសាងអ្វីៗទាំងអស់ ទាំងមើលឃើញ និង មើលមិន
ឃើញដោយមិនបញ្ចេញឈ្មោះ គឺបានធ្វើសក្ការៈបូជា ។
កម្លាំងបុរសនៃការបង្កើត (យ៉ាង) កម្លាំង

ស្ត្រីនៃការបង្កើត (យីន) រមថ្ពំគ្នាដែលជាអន្ទីទេព
កម្លាំងដែលឆ្លងកាត់នៃការបង្កើតទាំងអស់ កម្លាំងនោះ

ដែលសារ ជាតុតួចៗជាច្រើនរួមផ្សុំគ្នា និង ភាគល្អិតតួចៗ
នៅលើផែនដីទាំងអស់ គឺជាសក្ការៈបូជានៅក្នុងនិមិត្តរូប
នៃយូ៉នី និង លិង្គ ហិណ្ឌូមានបំយថ មានកំលែស្មើរគ្នារវាង
យីនយ៉ាង ។ កំណាំងថាមពលនេះគឺបានតាំងបង្ហាញជា
អាទិទេពពស់ពីរកន្លុយវិញ្ចូលគ្នារបស់ពួកគេ ។ នៅ
កន្លែងនិមួយៗនៃទិសក្ការៈបូជាតួចៗខាងក្នុងប្រាសាទ
បាយ័ន ពួកយើងឃើញថា តើព្រះលោកសូរធ្វើសក្ការៈយ៉ាង
ដូចម្តេច ។ ទ្រង់មើលចំរន្ធសក្ធុសិទ្ធដែលជាកន្លែង យូ៉នី
និង លិង្គប្រសព្វគ្នា ។ ចំពោះស្ដេចជ័យវយៈវ្រានទី៧ព្រាំពី និង
ប្រជាជនខ្មែរដ៏ស្រស់សោភាបរបស់ព្រះអង្គ នោះគឺជាអ្វីដែល
មានភាពជាយស្រួលចំពោះសាសនា វត្តមាននៃកំលាំង
ថាមពលនៃអ្នកបង្កើត គឺជា បទពិសោធន៍នៅក្នុងការរបស់
នៅគ្រប់ទីកន្លែងទាំងអស់ ទាំងមើលឃើញ និង មើលមិន
ឃើញ ហើយព្រះ លោកសូរ គឺមានអំណាចដោយកម្លាំង
ថាមពលនោះ និង មើលថៃការវិកចំរើនដួងវិញ្ញាណរបស់
ពួកយើង និង ភាពវិកចំរើនថ្លំថ្មើនក្នុងការអប់រំនៃជីវិត
។

នោះ គឺថាវាសមប្ញាយ៉ាងដូចម្តេច ! ហើយវាត្រូវតែ
នៅរហូតដល់សព្វថ្ងៃយ៉ាងដូចម្តេច ! ។ នៅថ្ងៃនោះ និង
កន្លួរនេះកេត្តិយសជាម្ចាស់ដួងវិញ្ញាណ និង ព្រាលឹងនៃធម្ម
ជាតិ ហើយព្រាលឹងដែលរស់ជុំវិញ្ញពួកយើងទាំងអស់ គឺដើម្បី
ជួយ និង រក្សាដល់ការចាប់ជាតិជាថ្មីរបស់ពួកយើងនៅ
ក្នុងហានសុខរ៉ាទីទៅអនាគត ។ នោះគឺជាកន្លែង ដែល
ពួកយើងនឹងទៅនៅថ្ងៃណាមួយនៅពេលពួកយើងធ្វើបាន
ល្អូតកខ្មោះដូចព្រះបិតានៅហានស្ងួក៏ (ព្រះអាមីតាហា) គឺ
ទ្រដ់ល្អូតកខ្មោះ ។ ពួកយើងនឹងទៅហានសុខរ៉ាទីទាំងអស់
គ្នា ហើយរស់នៅទីនោះដោយមានសុភ្ក្តិភាព ជានិរន្ធ៍ៗ

សាសនាជាច្រើនមានហើយក៏សាបសូន្យទៅវិញ ហើយ
ផ្លាស់ប្ដូរគ្រប់ពេល ។ ពួកគេបន្ថែមសៀវភៅរាប់រយ សំរាប់
ការអប់រំ ។ រដ្ឋាភិបាលមានហើយក៏បាតទៅវិញ ផ្លាស់ប្ដូរ
គ្រប់ពេល ប៉ុន្តែវិញ្ញាណនៃលោកេស្វរស្ថិតនៅ ក្នុងដួងចិត្ត
នៃប្រជាជនខ្មែរ ហើយពួកគេនៅតែមិនអាចយកឈ្នះមហិ
ទិរិទ្ធិនោះក្នុងសតិបញ្ញាណពួកគេបាន ឡើយ ។ មហិទិរិទ្ធិ
នោះបង្ហាញនៅក្នុងការញញញឹមរបស់ពួកគេជានិច្ច ។

Lord Lokesvara in 'thousand-armed' form in Bantea Chmar, Cambodia. 12th c.

LORD LOKESVARA IN CAMBODIA

One such a great king was King Jayavarman VII who built the Angkor Empire of Cambodia more than 800 years ago.

King Jayavarman VII did not only build the world's largest temple city, he also built hospitals and schools for all his people. He was indeed a good follower of Lokesvara—a great king that is fondly remembered. His government truly cared about all people. They eradicated poverty and punished corruption. They put Lokesvara statues in every hospital and built hundreds upon hundreds of shrines to help the people worship the Lord wherever they happened to be. The land prospered and had immense power because humility, simplicity and compassion was in the heart of the King and it spread to the people. No neighbour could defeat the Khmer people during that time because they walked with the Lord. The Khmer people were as-one behind him, so much loved he was.

King Jayavarman VII extended the huge holy temple city called, "Sukhavati on Earth", which stands even to this day as one of the greatest human accomplishments of all time. Today, western people call this city by the name of one of the main temples in the huge complex, Angkor Wat.

At times, hundreds of years after King Jayavarman VII, some Buddhists who did not want the all empowering teaching of Lokesvara conquered the nation and started to remove the Lokesvara statues and images from the temples. They tried to rewrite the history of the Khmer people, tried to change the facts. However, we are fortunate today that the spirit of beauty is still today in the hearts of Khmer people. No religion and no political ruler can remove that from them. The image of Lokesvara is written in the heart of the Khmer, in a place where no evil leader can steal it or carve it away.

One special temple in this "Sukhavati on Earth" temple complex was the great king's personal shrine and spiritual retreat. It is today known as the Bayon Temple. At the Bayon Temple, visitors can still see how the Unnameable One, the Creator of all things seen and unseen is worshipped. The Male Energy of creation (Yang) and the Female Energy of Creation (Yin), together which is the divine energy that flows through all of creation, that energy that upholds atoms and subatomic particles in all worlds, is worshipped in the symbols of the Yoni and Lingam, the Hindu equivalent of the YinYang. This energy is also displayed as two divine snakes with their tails crossed. At each of the smaller shrines within the Bayon, we see how Lord Lokesvara worships. He looks in on the holy chamber where the Yoni and Lingam is placed. For King Jayavarman and his beautiful Khmer people, that was the simplicity of religion—the presence of the Energy of the Creator is experienced in all living things seen and unseen, and Lord Lokesvara is empowered by that holy energy and takes care of our spiritual growth and prosperity in the school of life.

That is how simple it was, and how beautiful it must still be today. In those days, and even now, Khmer spirituality honours the Lord and the souls of nature, and the souls who live all around us to help and care for our future rebirth in Sukhavati. That is where we will all go one day when we become perfect like our Father in Heaven (Lord Amitabha) is perfect. We will all be in Sukhavati, and live there in peace forever.

Religions come and go, and change over time. They add hundreds of books of teaching. Governments come and go and change over time. But the spirit of Lokesvara remains in the heart of the Khmer people, and they remain unconquerable for that power in their souls. A power that shows in their smiles.

២៣. ពន្លឺពីទិសខាងកើត

ថ្ងៃនេះប្រជាជនជិតកន្លះភាគបីនៃប្រជាជនលើ
ពិភពលោកស្គាល់ព្រះជាម្ចាស់ ។ ប្រជាជនពីររយកោដិបាន
ស្គាល់

ទ្រង់រួចហើយ ។ ប្រជាជនដែលបានត្រឡប់មកដើរ
តាមផ្លូវទ្រង់ ពួកគេមានអារម្មណ៍ស្រស់ស្រាយនៅក្នុងដួង
ចិត្ត របស់ពួកគេ ហើយបង្ហាញចេញនូវស្នាមញញឹមរបស់
ពួកគេ ។ មកទស្សនានៅប្រទេសកម្ពុជា ដើម្បីអោយ
យើញផ្ទាល់ភ្នែករបស់អ្នក ! ជាប្រជាជនដែលនៅជាប់
ជាមួយព្រះអង្គ ពួកគេរៀនដើម្បីលើពីពួកទេវតា និយាយ
មករកពួកគេពួកគេ រៀនដឹងពីពួកទេវតា ។

ពន្លឺនៃអ្នកសង្គ្រោះសត្វលោកដែលបានដឹងជាច្រើន
ឆ្នាំមកហើយនៅទិសខាងកើតកន្លែងគឺបញ្ចាក់អោយយើញ
ជាក់ច្បាស់ដល់ប្រជាជនទិសខាងលិច ។ ប្រជាជនភាគ
ខាងលិចត្រឡប់មកដើរតាមផ្លូវទ្រង់ច្រើនទៅៗជារៀង
រាល់ថ្ងៃ ។ ប្រជាជនជាច្រើនមកទស្សនាបន្លឺនៃព្រះលោក
សូរដែលស្ថិតនៅក្នុងដួងចិត្ត និង ស្នាមញញឹមរបស់ ប្រជា
ជនខ្មែរ ។

ប្រជាជនខ្មែរមួយចំនួននៅតែភ័យខ្លាចថា
ប្រសិនបើខ្មែរទាំងអស់គោរពស្រឡាញ់ព្រះអង្គ អញ្ចឹងគគ្រឹ
ពល នៃអ្នកមាន និង អ្នកពុករលួយ នឹងត្រូវបំបែក ។
ប៉ុន្តែអ្នកគួរតែដឹងថាមានអ្វីកើតឡើង ? អ្នកទាំងនោះ

ប្រាកដ ជាព្យាយាមមិនព្រាមចុះចូលក្នុងការស្រឡាញ់ព្រះ
អង្គដែលនៅក្នុងដួងចិត្តនៃប្រជាជនទាំងមូលឡើយ ប៉ុន្ដែ
ពក គេ នឹងមិនបានទទួលជោគជ័យដើម្បីបញ្ឈប់មហិទ្ធិ
ឫទ្ធិដ៏ធំសម្បើមនៃឧត្ដមគតិ និង ការគោរពស្រឡាញ់របស់
ព្រះអង្គបានឡើយ ។ ខ្មែរបានស្ថាបនាការរស់នៅ និង
ប្រទេសជាតិរបស់ពួកគេឡើងវិញ ពួកគេក៏បានកទ្ធិពល
ដោយព្រះលោកេស្វរកំពុងតែមើលទៅលើពួកគេពីប្រាសាទ
បាយ័ន ។

ថ្ងៃនេះពួកយើងឃើញទិសក្ដារៈបូជានៃលោកេស្វរ
ច្រើនទៅៗ កំពុងតែត្រឡប់មករកម្ដាស់នៃប្រជាជនខ្មែរ
បន្ទាប់ពីបានផ្លាស់ប្ដូរដោយពួកប្រាំងនឹងមាតាៈពិត
ទាំងនោះ ។ មនុស្សជាច្រើនកំពុងព្យាយាមប្ដូរនូវប្រវត្តិ សា
ស្ត្រ ពួកគេព្យាយាមដើម្បីបង្រៀនដំនឿៀខុសៗគ្នាដល់ប្រជា
ជនខ្មែរ ។ ទោះបីយ៉ាងណា ព្រះអង្គ គឺនៅក្នុងដួងចិត្ត និង
សតិនៃប្រជាជនខ្មែរនិមួយៗ និង កូនខ្មែរគ្រប់រូប ហើយ
គ្មាននននណារអាចផ្លាស់ប្ដូរពួកគេ បានឡើយ ។ នៅពេល
អនាគតនៃប្រទេសកម្ពុជា គឺបានផុតទុក្ខភ័យសុខសាន្ត
ពីព្រោះម្ចាស់ទឹកដីបានដើរ តាមព្រះអង្គ ហើយពួកគេ
កំពុងតែបង្ហាញពីសោភ័ណភាពរបស់ទ្រង់ទៅដុំវិញពីភព
លោក ។

Cambodian version of the Holy Trinity. These figures appeared all over the Angkor Empire and formed the foundation of ancient Khmer spirituality. Our Heavenly Father, Lord Amitabha with naga shield, the founding of the Khmer nations. Seven headed Naga, in Khmer culture signifies immortality, male-energy, salvation. The Son, Lokesvara and the Daughter, the Holy Spirit of Wisdom, called Mahāsthāmaprāpta in Sanskrit, sometimes called PranjaParamita by devotees.

THE LIGHT FROM THE EAST

Today, almost one third of all people on Earth know of the Lord. That is two billion people already. As people return to the Way, they feel the beauty in their hearts and it shows in their smiles. Come to Cambodia and see for yourself! As people become closer to the Lord, they learn to hear their angels speak to them, they learn from angels.

The Light of the World Saviour that became known in the East so many years ago, is now visible to people of the West. More and more western people come to the Way every day. Many come to Cambodia to see the light of Lord Lokesvara in the hearts and smiles of the Khmer people.

A few people are still afraid that if all the Khmer love the Lord, then the power of the rich and corrupt will be broken. But you know what? Those people may try to resist the love of the Lord in the hearts of the people, but they will not be successful to stop the tremendous power of the Lord's wisdom and love. As the Khmer people rebuild their lives and their country, they are empowered by Lord Lokesvara looking over them from the Bayon Temple.

Today, we see more and more shrines of Lokesvara coming back to the land of the Khmer after being removed by those who oppose the true Way.

Many are trying to change the history; they try to teach a different truth to the Khmer people. However, the Lord is in the hearts and souls of each and every Khmer child and nobody can remove that from them. The future of Cambodia is secure because the people of the land walk with the Lord and they are showing its beauty to all the world

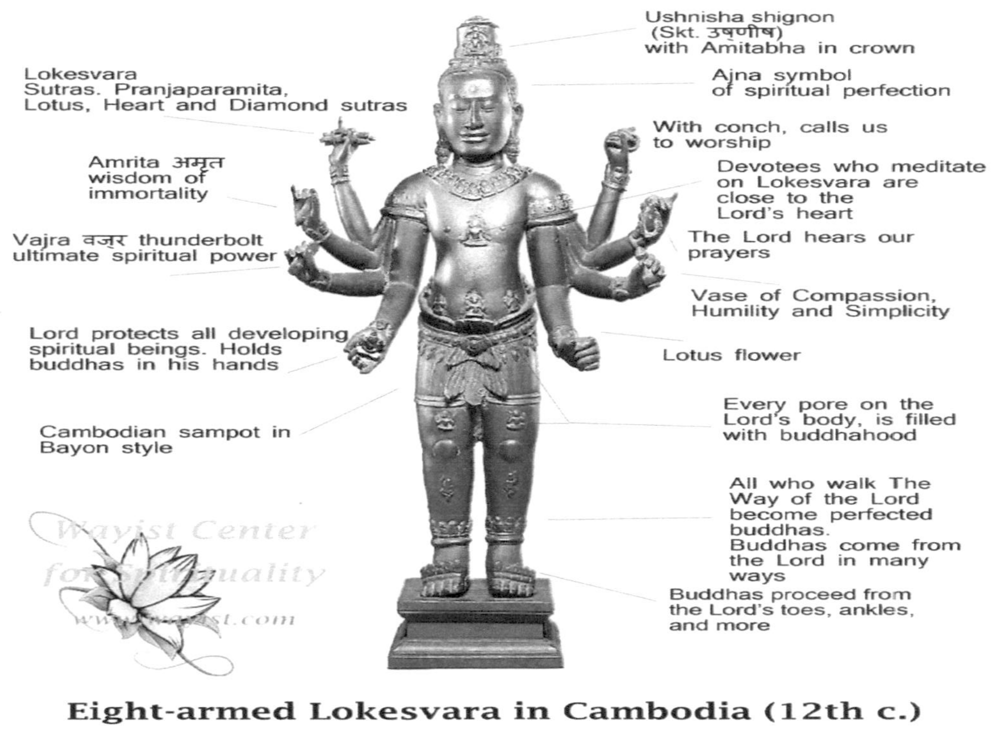

Eight-armed Lokesvara in Cambodia (12th c.)

Typical 8-armed depiction of the Lord in the unique Cambodian style. Only in Cambodia do we find this collection of items in the 8-armed form of the Lord.

ABOUT THE AUTHOR

Jean du Plessis is a professional pneumatologist (student of spirituality). He works as a spiritual teacher, coach, and counselor.

Jean is author and editor of several books, blogs, and web sites.

His academic training includes Christian seminary studies and a degree in Biblical Studies and World Religions.

Born and raised in South Africa, he now lives in Ontario, Canada and Siem Reap, Cambodia where he conducts spiritual tours and training in spirituality and mysticism at Siem Reap Center for Spirituality. Additionally, Jean conducts seminars in Cambodia for the benefit of Christian ministers worldwide to bridge to the new awareness of Christ's universal compassion and *parousia*.

Follow Jean on blogs, g+, and Facebook. wayism.net/jean-du-plessis